中国少数民族人口丛书

赫哲族

翟振武 主编

林盛中/著

中国人口出版社
China Population Publishing House
全国百佳出版单位

图书在版编目（CIP）数据

赫哲族/林盛中著．—北京：中国人口出版社，2014.5（2022.7重印）

（中国少数民族人口丛书）

ISBN 978-7-5101-2225-5

Ⅰ.①赫…　Ⅱ.①林…　Ⅲ.①赫哲族－民族文化－中国　Ⅳ.①K282.5

中国版本图书馆 CIP 数据核字（2014）第 000269 号

中国少数民族人口丛书　赫哲族

ZHONGGUO SHAOSHU MINZU RENKOU CONGSHU　HEZHEZU

翟振武　主编　　林盛中　著

责任编辑　张宏文
美术编辑　刘海刚
责任印制　林　鑫　王艳如
出版发行　中国人口出版社
印　　刷　北京兴星伟业印刷有限公司
开　　本　710 毫米 ×1000 毫米　1/16
印　　张　10.25　插 1
字　　数　141 千字
版　　次　2014 年 5 月第 1 版
印　　次　2022 年 7 月第 2 次印刷
书　　号　ISBN 978-7-5101-2225-5
定　　价　42.00 元

网　　址　www.rkcbs.com.cn
电子信箱　rkcbs@126.com
总编室电话　(010) 83519392
发行部电话　(010) 83510481
传　　真　(010) 83538190
地　　址　北京市西城区广安门南街 80 号中加大厦
邮　　编　100054

中国少数民族人口丛书编委会

序

如果把一个民族比作一颗星星，那我们就是生活在一个繁星满天的世界。当今世界上有约3000个民族，分布在200多个国家和地区，绝大多数国家由多个民族组成。中国也是同样，是由各族人民共同缔造的统一的多民族国家。在漫漫的历史长河中，生活在中华大地上的各族人民密切往来、交流融合、团结奋斗、休戚与共，形成了一个伟大的强盛的中华民族大家庭，共同开发了祖国的美好河山，共同推动了国家的发展和社会的进步。

在中华民族的大家庭中，有56个成员，其中有55个是少数民族。新中国成立以来，少数民族人口一直持续增长。1953年第一次全国人口普查时，少数民族人口总数为3532万人，占全国总人口的6.1%。2010年进行第六次全国人口普查时，少数民族人口总量达到了1.14亿，几乎是1953年的3倍，占到了全国13.4亿人口的8.5%。各少数民族人口数量相差较大，如壮族有1693万人，回族1059万人，满族1039万人，维吾尔族1007万人，而赫哲族只有5354人，塔塔尔族3556人，独龙族6930人。中国各民族的人口分布呈现大散居、小聚居、交错杂居的特点。汉族地区有少数民族聚居，少数民族地区也有汉族居住；许多少数民族既有一块或几块聚居区，又散居全国各地。中国少数民族聚居区大都地广人稀，资源富集。少数民族地区的草原面积，森林和水力资源蕴藏量，以及天然气等基础储量，均超过或接近全国的一半。全国 2.2 万多公里陆地边界线中的 1.9 万公里在民族地区。全国的国家级自然保护区面积中民族地区占到 85%以上，是国家的重要生态屏障。中国各民族的起源和经济、社会、文化的发展有着本土性、多元性、多样性的特点，五彩缤纷，丰富多彩。

要全面认识中华民族，就要从认识每一个民族开始。正是从这个理念出发，我们编写了这套《中国少数民族人口》大型系列丛书，力图从历史、文化、经济、社会等各个方面，用准确、科学、生动的语言，全方位描述和展现各少数民族灿烂辉煌的历史和现状，编织出一幅绚丽多彩的中华民族大家庭的"全家福"。

编写这样一套大型系列丛书，难度非同一般。几经论证和深入研讨，最终形成了编写大纲，这套丛书各个分卷的作者绝大多数由少数民族作家担任，他们不仅熟悉自己民族的历史和文化，而且对本民族有深厚的感情。在国家新闻出版总署、国家人口计生委和中国人口出版社的大力支持下，作者们历经数年，几易其稿，终成此书。值此丛书出版之际，我们衷心地祈愿这幅"全家福"能为民族的交流和团结，为中国的文化建设，为整个中华民族的繁荣昌盛，作出一份微薄的贡献。

翟振武

2012 年 5 月于北京

PREFACE

Every nationality sparkles like a star in the firmament. Now we have about 3000 stars distributed across the world in more than 200 countries, most of which are multinational. So is China, which consists of a number of nationalities. For centuries, all the nationalities have lived together, worked together and fought together, making China a prosperous unified multinational country.

Of all the 56 nationalities in China, 55 are minorities whose population has been increasing since the founding of The People's Republic of China. According to the first census in 1953, the minority population was about 35.32 million, accounting for 6.1 percent of China's total population. By 2010, the number had almost tripled. According to the sixth census, the population of the minorities amounted to 114 million, making up 8.5 percent of the 1.34 billion people in China. The population size of minority groups varies a lot. Some of them have a large population, for example, the Zhuang Nationality has a population of 16.93 million; the Hui has 10.59 million people and the Manchu consists of 10.39 million people. Some of the minorities are quite small, such as the Hezhe, the Tatar and the Drung nationalities, which have populations of 5354, 3556 and 6930, respectively. China's nationalities live together over vast areas with some living in individual, concentrated communities in small areas.

Some minorities' concentrated communities are scattered among the Hans, and some Han people also live in the minority communities. Some minorities may have one or more concentrated communities, while their people spread all over the country. Most minorities' concentrated communities have their people sparsely distributed in large areas with abundant resources. The grassland, forest, water and natural gas reserves in areas inhabited by minority people account for about half of China's total. Further, 19 000 kilometers of the nation's 22 000-kilometer land boundary are in minorities' communities. In addition, 85 percent of the country's state-level natural reserves are in the minority areas, making the people important guardians of China's ecology. Each of the nationalities' origin is unique, and their development of economy, society and culture is full of variety.

Only by learning every aspect of the minorities' lifestyle can we have a comprehensive understanding of the Chinese nation. Under this notion, we write this series of books on the Population of China's Minorities to provide a detailed picture of our Chinese nation, with the glorious past and prosperous present of the country's minorities.

It is through trials and tribulations that we write this spectacular series of books. Most of the authors, who have profound knowledge of the minorities and wrote the books with their strong emotions, are members of minority groups. With the great support of the National Publication Foundation, the National Population and Family Planning Commission and China Population Publishing House, the authors completed the books after years of unremitting endeavor.

On the publication of this series of books, we are looking forward to seeing these books contribute to the unity of the Chinese nation and help our country flourish in the future.

Zhenwu Zhai

Beijing

May 2012

目录

Contents

综述：一个被歌声唱响的民族

我国著名男高音歌唱家郭颂演唱的《乌苏里船歌》，把一个不被人知的民族——赫哲族唱响全国，唱响世界。然而，人们对歌曲诞生的地方并不熟悉，那么，就让我们伴着《乌苏里船歌》优美的旋律，一起走近歌声诞生的故乡，去了解这个被歌声唱响的民族吧！

在56个民族组成的中华民族大家庭中，赫哲族是22个少小民族之一，也是我国最早迎接太阳的民族。

在霞光万丈的东北三江平原，在碧波万顷的黑龙江、松花江和乌苏里江的江面上，赫哲人划着渔船，撒开千张网，收获着希望和未来。她同我国北方其他民族共同创造了独具特色的黑土与黑水相融的“三江文化圈”。

赫哲族是一个英勇不屈的民族。

赫哲族的历史，是用鲜血和泪水写成的一部从艰难、曲折、悲壮走向幸福、辉煌的壮丽史诗。

新中国成立前，赫哲族处于原始民族公社的末期，是一个以“夏捕冬围”渔猎为生的民族，经济社会发展十分缓慢。他们经常迁徙，过着一家一条船、一张网、一匹马、一条枪，鱼皮和兽皮作衣、鱼肉和兽肉为食的生活，被称为“北半球”渔猎民族活化石之一。

在漫长的历史岁月中，赫哲族同胞饱受封建统治阶级的残酷剥削。有赫哲老人演唱的伊玛堪为证：

乌嘟噜莫日根的阿爸是猎人哪，
妻子瓦芹得都长得俊啊，
老猎主贝布斯科起歹心噢，
用梭镖暗害了阿爸，
抢走了他心爱的人，
剩下个小乌嘟噜莫日根刚三岁呀，
被老猎主抛在松树林。
嘿罗罗哟，嘿罗罗……

赫哲老人雄浑的歌声，虽然没有委婉的旋律，但纯朴的歌词、幽默的曲调，倾诉出赫哲人对旧社会的悲愤、哀怨。

沙俄殖民主义者、日本侵略者入侵后，对赫哲族进行了血腥屠杀，赫哲族百姓生存环境恶劣，患病无医，死亡甚剧，尤其是疫病流行时，死亡人数更多。有一次，仅大屯一地一个月之内，疾病就夺去一百余人的生命。[①] 富锦、饶河等地兴起种植罂粟后，许多赫哲人染上了吸食鸦片的恶习，严重地损害了身体健康，造成了整个民族人口生育率下降，人口增长缓慢，呈萎缩发展。

赫哲族面对外敌入侵坚强不屈，从抗击沙俄入侵到打击日寇侵略，始终英勇参战，奋力杀敌，用鲜血和生命捍卫了中华民族的尊严，保卫了祖国疆土。到新中国成立时，全民族人口仅存三四百人，濒临灭亡的边缘。

新中国的成立，把遍体鳞伤、灾难深重的赫哲族从几近消亡的境

---

① 《赫哲族简史》编写组．赫哲族简史．北京：民族出版社，2009：144.

地救出，从原始社会一步跨入了社会主义社会。在党和政府的关怀下，赫哲族同胞结束了长期的迁徙流动生活，从广阔的三江流域开始向同江市的津街口、八岔乡，饶河县的四排乡，佳木斯市的敖其村和抚远县的抓吉村等地集聚定居。赫哲族集聚地的人民政府出资为赫哲同胞营建新村、架桥修路建新房、供水通电、兴办教育、防病治病、改善生存环境。改革开放以来，当地政府为了支持赫哲族发展生产，增加收入，无偿调拨机帆船，给各家各户的渔船安装“马达”，提高了渔船的行驶速度和捕捞能力，与此同时还根据经济社会发展和生态环境变化，引领赫哲族群众走多业并举、拓宽生产领域的新路子。从此，赫哲族踏上了社会主义康庄大道。这种奇迹般的变化，是赫哲族几辈人做梦都不曾梦到过的事情。中国共产党领导劳苦大众推翻了“三座大山”，驱散了天空的乌云，让赫哲族最早看见太阳从东方升起，真正享受到了中国共产党带来的温暖。经过 60 多年的休养生息，旧社会给赫哲族造成的身心创伤得到了彻底医治，获得新生的赫哲族儿女无比激动，无限感激，千言万语汇成一句话：爹亲娘亲没有党的恩情重，跟着共产党，跟着毛主席。

我国东北地区的三江平原，是一块神奇的土地。奔腾不息的黑龙江、松花江和乌苏里江流淌了千年万年。缓缓东逝的江水像母亲的乳汁，抓一把直淌油的黑土地撒把种子就能长出粮食。这块神奇的土地养育了一代又一代的北方民族，勤劳勇敢的北方少数民族把“三江”称为母亲江。

赫哲族儿女世世代代生活在这片充满生机的土地上。早在南北朝时期，强盛起来的北方民族就开始进入中原，并在与中原文化交流融合中不断崛起，先后建立了北魏、辽、金三个区域性的政权。元、清两大统一政权彰显了北方民族在经济和文化上的强盛。然而，就在北方民族一次又一次南下中原，在民族融合的历史大变迁过程中，作为北方古老民族后裔的赫哲族却始终留居在三江流域，坚定地守望着原生态文化，辛勤耕耘，繁衍生息，传承至今。

赫哲族生息繁衍的地区，山清水秀，景色宜人。有“三江”汇合的大水面、一望无垠的大湿地和蜿蜒曲折的完达山余脉。在山水相依的动人画面中，四季常青的针叶松和绿叶红干、笔直参天的樟子松，像是天神下派到人间的侍卫，守卫着勤劳勇敢的赫哲族儿女。

完达山和三江平原湿地是一个庞大的野生动植物基因库。东北虎、紫貂、熊、狼、獐子、鹿、水獭等珍稀动物时常出没，桔梗、黄芪、甘草、柴胡等名贵药材，榛子、松子、木耳、猴头蘑、都柿、蕨菜等唾手可得，鳇鱼、鲟鱼、大马哈鱼和闻名中外的“三花”、“五罗”、“十八子”，令人垂涎欲滴。

赫哲族的家乡是一幅原生态的、活灵活现的艺术画卷，“棒打狍子瓢舀鱼，野鸡飞到饭锅里”的民谚一直传承至今。曾经被毛主席接见过的赫哲族老人——尤玉发对此番情景曾深有感触地说：“过去，遇到干旱年头，河水少的时候，河水里面缺氧，鱼都是侧着身子游，聚堆的时候一网拉上来就是几千斤，打上来的鱼实在是太多了，吃不了，晾不过来，卖不出去，只好喂猪，过年杀猪时，猪肉都是鱼腥味……”他叹了一口气，接着说，“现在不行了，鱼很难打了……”尤玉发老人土生土长在街津口，80 多年的亲身经历，见证了那里的一草一木和生态足迹变化。

如今，三江平原大湿地得到了有效保护，依然碧波万顷、鲜花盛开，芦苇丛生、百鸟成群。

赫哲族是一个古老而又年轻的民族。

说她古老，是因为她用笨重的双桨把承载着生命和希望的渔船划过历史的长河，从远古走来。

历史上赫哲族以渔猎经济为主，四季捕鱼，春夏秋三季在江河中

划船撒网，冬季在碧绿的明冰上用“冰川”（也称千子）打冰眼，下钩或网。赫哲人捕鱼工具大多是在生产实践中创造的，种类繁多，有鱼叉、鱼钩、渔网等几十种，仅鱼钩就多达10余种，不同的工具使用的地点、时间和方法各异，收获自然有不同的惊喜。比如鳇鱼钩，原始的钩尖没有倒须，钩尖长10厘米，钩胫长20～25厘米，可钩到三四百公斤重的鳇鱼，而毛毛钩则有倒须，是在秋季钩捕白鱼用的。捕鱼工具的创造，彰显了赫哲人的聪明智慧。

狩猎也是赫哲人重要的经济活动。赫哲人狩猎一般都在冬季，这是因为，赫哲族居住的地区冬季漫长，江河封冻，冰层足足有几米厚，打“冰眼”既艰苦，难度又大，捕鱼数量有限，因而狩猎成为赫哲人度过漫长冬季的明智选择。

赫哲族狩猎与鄂伦春族狩猎极其相似。最初，赫哲族狩猎使用的工具比较简单，有扎枪、弓箭等，后来，发明了“卡子”、“夹子”、“捕网”等手工工具，并长期使用。到了近代赫哲人才开始使用火药枪支打猎。

渔猎经济是人类社会最古老的自给自足经济模式，是自然为先时代的产物。这种生产方式使赫哲人长期保持民族内三五人或七八人一同下江河捕鱼，共同进山打猎，平均分配劳动果实的习惯，展示了原生态文化背景下，人与自然、人与人之间的和谐关系。

说赫哲族是一个获得新生较晚的民族，是因为她长期封闭，新中国成立前曾受到国内统治阶级和外国列强的双重压迫，过着暗无天日的生活，获得新生的历史比较短暂。赫哲族对农业的认知和农业经济的萌发相对迟缓，大约在一百四五十年之前，赫哲族先辈开始在黑龙江、松花江、乌苏里江的沼江平原垦荒种田，农业生产工具也比较简陋，有锄头、锹、镐、三齿叉、二齿钩等手工工具，随着生产发展逐步使用马匹和犁铧。

赫哲族的农业经济是由田园种植起步的。最初，男人到江河捕鱼，妇女便在自家房前屋后种些蔬菜、烟叶等，田园的收获不仅使赫哲人喜出望外，而且调动了家庭种植的积极性，男人们在捕捞之余也走进了田园，帮助妇女从事农耕，尝试种植玉米、大豆、谷子等作物。据资料记载，民国初年，少数的富裕人家拥有耕地几百垧，多者达几千垧。[①] 但是，大多数赫哲族家庭耕地甚少，许多家庭因为付不起高额的地租，所以只能租种上层人家少量的耕地，种植些粮食和谷物以维持家庭食用和牲畜饲料。在相当长的时间里，由于生产技术落后，农业种植未能给家庭生活带来更大的改善，所以赫哲人对土地的依赖程度不高。

缓慢发展的农业经济使赫哲族地区社会发展动力不足，赫哲人物质生活极端贫困和缺医少药的状况没有实质性改变，所以绝大多数家庭在发生疾病时，只好请萨满求神，往往因医治不及时而不幸死亡。

新中国成立后，特别是改革开放的强劲东风，使赫哲人又重新最早迎接了太阳。他们伴着第一缕霞光，搭乘早班的时代快艇，驶入了市场经济大潮之中。

在党和政府关怀支持下，赫哲族居住的地区实施种植、养殖、经商、加工、旅游等多业并举战略，个体、民营企业如雨后春笋拔地而起，经济社会发展呈现出一派繁荣景象。

赫哲族是一个崇尚礼仪和能歌善舞的欢乐民族。

赫哲族只有语言，没有文字。口头文学和生产生活实践中的“传帮带”，是民族文化传承的两根链条。

原生态文化和劳作实践培育了赫哲人的聪明智慧，创造了独特的民族文化艺术。以鱼皮和桦树皮为主要原材料的编织、绘画、雕刻等千姿百态的手工制品是赫哲文化的精华，记录了民族文化发展的历史。

---

① 《赫哲族简史》编写组．赫哲族简史．北京：民族出版社，2009：219.

在勤劳、聪明的赫哲人手里，鱼皮是万物之宝。他们把鱼皮剥掉、晒干、熟制、染色之后，变得既柔软美观又结实耐用。大张鱼皮可以作为制衣和鞋帽的面料，小张鱼皮和边角料可用来作装饰图案和纹样。

走进赫哲人家的手工艺品作坊，展现在人们眼前的一块块鱼皮，在能工巧匠手里翻来翻去，转眼工夫便成了衣服、衣角、裙角、皮靴、口袋、烟荷包等成品，剩下的边角料也能派上用场，它们是鱼皮画的主要原料。一位年轻的赫哲族姑娘从电脑上下载了“神九升空”图案，然后用零碎的鱼皮料开始粘贴，很快就有了“神九”的雏形。观赏赫哲人的创造，是一种美的艺术享受，能把客人带入梦幻般的意境之中，似水似火，似鱼似鸟，似云似雾，似花似叶……让人心驰神往，会不由自主地去探寻赫哲文化深远的内涵。

“伊玛堪”是赫哲族流传最广、最具民族特色的一种说唱文学形式。“伊玛堪”意为“故事”，它以讲唱古史和英雄故事为主旋律，说唱结合，不用伴奏，其说唱形式与汉族北方的“大鼓”，南方的“苏滩”相近。大部头的“伊玛堪”要说唱很多天，小部头的说唱下来也要几天的工夫，主要在网滩、猎场和村子里宽绰的地方说唱。目前，保存下来的“伊玛堪”作品有40余种，有十几部被采用录制，其中代表作有《希尔达鲁莫日根》、《满斗莫日根》、《满格木莫日根》等。

回忆过去痛苦生活的伊玛堪唱词，比如：

山上的黄檗罗树哟皮儿苦，
可怜的赫家汉子去穷到骨呀，
草原上的鹰鹫啊有个称心的窝巢，
毕拉哈牙生来就衣不蔽体哇。
难道注定了受富豪的欺凌吗?
清风总要吹散那江上的烟雾，

赫尼哪哟，
赫尼哪哟，
吹散烟雾。

歌颂新生活的唱词，比如：

……啊……哦赫尼哪——赫尼哪
伊克堆景山的莽苍苍哟，
心尔沁里我们可爱的家乡，
山上好猎场哟，
江上飘渔船哟，
撒下网儿闪银光哟，
钢枪打不尽的狍和獐，
家乡日日变模样哟，
引来水渠过村庄噢，
田野飞来稻花香哟，
漫坡青草牧牛羊啊，
谁不夸新时代好啊，
赫家的幸福万年长。
吹起“木肯格”唱起来哟，
歌声随江飘向远方，
最好的“伊玛堪”唱给毛主席哟，
最好的“加林阔”歌颂共产党。
哦——赫尼哪——赫尼哪嘎——
赫家永远跟着毛主席哟，
赫家永远跟着共产党——

赫哲人热情豪放、凡逢喜庆之日便饮酒高歌。赫哲人最喜欢唱的歌有“狩猎的哥哥回来了”。歌词是：

太阳落山鸟归巢，
月亮高高挂树梢，
狩猎的哥哥咋还没回来？
妹妹我啊心里如火烧。

风吹雪花满山飘，
爬上东山朝西瞧，
狩猎的哥哥咋还没回来？
妹妹我啊急得直跺脚。

一阵歌声传山腰，
猎犬头里把信报，
狩猎的哥哥回来了，
妹妹我上前接獐狍。①

《乌苏里船歌》是赫哲族的骄傲，男女老少都喜欢唱，一唱就是几十年，歌词是：

啊，郎赫赫尼哪……
乌苏里江（来）长又长，
蓝蓝的江水起波浪，
赫哲人撒开千张网，

① 中国音乐协会．歌曲．北京：中国音乐家协会杂志社，1959（6）．

船儿满江鱼满舱。

白云飘过大顶子山，
金色的阳光照船帆，
紧摇桨来掌稳舵，
双手赢得丰收年。

白桦林里人儿笑，
笑开了满山红杜鹃，
党领咱走上幸福路，
人民江山万万年。

凡举行庆典活动，人群集聚。白天，举行叉草球、射草耙、套花绳、叉鱼等活动，热闹非凡。傍晚，在河边江畔点燃篝火，搭起炉台江水炖江鱼，边歌边舞，举杯欢庆，一派节日景象。赫哲文化培育了一代又一代的民族歌唱家和舞蹈家，被赫哲人称为“永不凋谢的迎春花”——舞蹈家吴玉梅就是典型代表。吴玉梅把一生献给了赫哲族歌舞艺术，创造了几十部舞蹈作品，培养的学生更多。“一朵忽先变，百花皆后香”。她为后人成长铺路，为后人成功喝彩。也许是三江地域的灵气，赫哲族涌现出许多文化名人，那一张张名片就是厚厚的一本书，是用汗水写成的书。

尊老敬老是赫哲族的传统美德，传承久远。在赫哲族家庭中，长辈具有权威性。早年，长幼相见，晚辈要向长辈行跪拜礼，长辈要吻小辈前额。家中小辈的人远行归来，要向父母、兄嫂依次问安。随着社会发展和多民族文化融合，赫哲族家庭中的一些规矩也逐渐淡化，但尊老爱幼的美德仍在传承。

赫哲族是一个信仰虔诚的民族。

赫哲族与北方其他民族有共同的信仰——萨满教。他们相信万物有灵，灵魂不死，所以对祖先格外敬重，逢年过节都要摆上供品以示对先人的悼念。

赫哲人崇拜自然界，对风雨雷电等自然现象有自己的认知，尤其对火爱护备至，并有许多禁忌。在现代社会，先进科学技术广泛普及，新的信息元素不断注入，萨满文化已经失去了原有的魅力。科学技术不仅改变了赫哲人的生活，也改变了他们的信仰、理想和思维方式。

赫哲族是一个充满希望、厚积薄发、青春绽放的民族。他们乘着《乌苏里船歌》的翅膀，飞向了祖国大江南北，跨越了五洲四海。一首歌，让世界了解了赫哲族；一支曲，让不同肤色和信仰的民族心心相印，这就是文化的力量。

教育领先一步，发展就能领先一个世纪。赫哲人深知文化力的强大。他们把发展教育确定为民族振兴的百年大计，“教育从婴幼儿抓起”、“不让孩子输在起跑线上”等时代理念，已经成为政府和百姓的共识。如今，赫哲族地区建起了“婴幼儿早教中心”，0～3岁“金脑启动计划”开始实施。中学集中到县城，并率先实施普及高中教育。在赫哲族集聚的乡村普遍开展创建“幸福家庭”和“惠家工程”活动，为家庭发展注入文化支持力。计划生育、少生优育已成为民族时尚。

文化搭台，经贸唱戏。赫哲族亮出了“伊玛堪艺术节”、“三江湿地文化节”的名片，原生态自然风光和原生态产品像巨大的磁场，吸引国内外宾朋蜂拥而至。在“乌苏里船歌”诞生的故乡，人气指数呈“牛市”攀高，直线上升。

热情好客的赫哲人向全国各族人民发出了邀请函，姑娘和小伙子身着上等鱼皮制作的五彩缤纷的民族盛装，手捧鲜花，绽放笑脸，迎接八方客人。从碧波万顷的江面上，传来一阵阵歌声：

来吧朋友
扬起“乌苏里船歌”的翅膀
飞翔在“三江”的蓝天上
敞开胸怀
温暖那晨曦的阳光

来吧朋友
划起“乌苏里船歌”的双桨
穿越在一望无际的麦浪
收获希望
喜看那沉甸甸麦粒垛起的粮仓

来吧朋友
再把“乌苏里船歌”唱响
穿越在歌声荡漾的海洋
留下祝福
把激情燃烧的火炬点亮

来吧朋友
徘徊在“伊玛堪”说唱的广场
听一听赫哲族创造的新篇章
举起酒杯
让欢乐和希望与乌苏里船歌飞扬

第一章

民族起源和变迁

水有源，树有根。翻开赫哲族的历史画卷，那一段段口口相传的动人故事，述说着她从远古走到今天的经历……

第一节　追本溯源赫哲人

赫哲族的历史悠久，千百年来沿黑龙江、松花江、乌苏里江（以下简称“三江”）而居，是中国北方少数民族之一，也是一个坚定守望原生态文化的民族。

一、江河岸边有人家

赫哲族与水有着不解之缘，她是中国北方典型的渔猎民族，捕鱼是最主要的生存方式，狩猎是辅助性的生产活动。在自然为先的时代，生产方式决定了人们对居住场所的选择，一个以捕鱼为生的民族，自然要沿江河而居。

赫哲族有“黑吉勒比乃”和“苏力雅勒比乃”两个称谓。“黑吉勒”在赫哲语中是“下游”的意思，“比”表达“在”的意思，而

“乃”则是“人”的意思，连起来就是“在下游的人”；“苏力雅勒”在赫哲语中表达“上游”的意思，那么“苏力雅勒比乃”，则表达“在上游的人”。这种以河流的河段作为民族间的称谓，自然地体现出她们与江河的关系非同一般。

从当代赫哲族人口地域分布上考察，同样可以证明，赫哲人离不开江河水系。据第六次全国人口普查统计，全国有67.5%的赫哲人仍然居住在江河之滨，其中居住在松花江畔敖其村的有326人，居住在黑龙江畔街津口的有537人，八岔乡306人，居住在乌苏里江岸边四排乡的有188人。这些地区依山傍水、湖泊荡漾、沼泽铺茵，丰盈的水草资源和天然的物种基因库给以渔猎为生的赫哲族繁衍生息提供了衣食之源。

传统捕鱼 （图片提供：CFP）

二、族源之说

赫哲族的远祖是由很多氏族组成的部落群体，繁衍生息在三江流域，与肃慎、挹娄、勿吉、黑水等古代北方民族有密不可分的历史渊源。

秦朝时期，北方几个土著民族被统称为“肃慎”，汉魏时期被称为“挹娄”，南北朝时期被称为“勿吉”，隋唐时期称为“靺鞨”。辽金朝时期被称为“女真”。到明朝时期，女真分为三部：建州者为建州女真；海西者为海西女真，极东最远者为“野人”女真，赫哲族的先民为“野人”女真的一部分。

“赫哲”一语始见于《清圣祖实录》，康熙二年（1663 年）皇帝在奏折批复中写道：“命四姓库里哈等进贡貂皮，照赫哲国例，在宁古塔收纳。”[①] 可见，当时分布于三江流域的土著民族中，赫哲族的头面人物在朝廷中具有一定地位，知名度也相当高。

赫哲族是一个多源多流的民族，族体成员的构成较为复杂。关于赫哲族民族共同体的形成，在史学界一直众说纷纭。新近出版的《赫哲族简史》（2009 年）做了权威性的梳理，使得赫哲族的民族来源和结构进一步清晰。

赫哲族的族体形成于 17 世纪初，民族的主体部分由牡丹江、乌苏里江流域至黑龙江下游和松花江的交汇处 22 个氏族组成。这 22 个氏族是：

奇楞氏族、萨马吉尔氏族、涂墨拉勒氏族、乌第堪氏族、毕日达奇氏族、加克素鹿氏族、尤喀敏喀氏族、珠格氏族、绰格乐氏族、阿勒楚喀氏族、多泰氏族、鄂宁喀氏族、嘎即喇氏族、阿春克坦喀氏族、

---

① 《赫哲族简史》编写组．赫哲族简史．北京：民族出版社，2009：14.

毕尔缅喀氏族、乌扎拉氏族、舒木鲁氏族、卢日勒氏族、傅特哈氏族、董抗氏族、葛以克日氏族、赫哲氏族[①]。

在这22个氏族中，最为古老的氏族有7个。即：乌扎拉氏族、卢日勒氏族、傅特哈氏族、葛以克日氏族、赫哲氏族、加克素鹿氏族、董抗氏族。其中董抗氏族是从通古斯族7个最古老氏族中分离出来的，在赫哲族中人口规模较大，现今居住在街津口和八岔乡，汉语为“董姓”。

大量史料和研究成果一致认为，在黑龙江中下游的赫哲族中，有四个较大的氏族。在《赫哲族简史》中反复出现“黑龙江下游赫哲族的四大氏族之一”的表述，然而，仔细研读发现，在黑龙江中下游的赫哲族中并非四大氏族，而应该是五大氏族，即：奇楞氏族、萨马吉尔氏族、毕日达奇氏族、绰格乐氏族、赫哲氏族。其中毕日达奇氏族人数最多，居五大氏族之首，主要由三大分支组成，即：世居库页岛和沿海岛上的“苦夷”人，后来逐渐迁移到黑龙江下游；通古斯支中萨扬堪和赫恨堪两个分支，属于上游族群。据说，他们的祖先原与布里亚特蒙古族的祖先为邻，后来沿黑龙江顺流而下，一部分定居在萨扬一带，而另外一部分人误入了乌苏里江支流，分布在比金河一带[②]；本地土著人，用赫哲族语说：“松嘎日玛玛尼敖”，即沿着松花江居住的人，“约日嘎玛玛尼敖”，意为顺着江居住的人[③]，译为汉语为“毕”姓。

在赫哲族22个氏族中，有一半左右的氏族与通古斯族有着千丝万缕的联系，具有较近的血缘关系。17世纪中叶，沙皇俄国殖民主义者入侵贝加尔湖以东地区和黑龙江流域，对通古斯部落进行了惨无人道

① 《赫哲族简史》编写组．赫哲族简史．北京：民族出版社，2009：25～27.
② 《赫哲族简史》编写组．赫哲族简史．北京：民族出版社，2009：18～19.
③ 《赫哲族简史》编写组．赫哲族简史．北京：民族出版社，2009：19.

的烧杀抢夺、强暴奸淫。沙皇匪徒所经之地，尸横遍野，哀鸣惊天，一派悲惨景象。当时，通古斯人为了保卫家园，拿起武器加入清军队伍，奋力抵抗沙皇入侵军，正义最终战胜了邪恶。沙皇侵略者失败后虽然退兵，但野心不死，稍有恢复便对通古斯部落进行侵扰。通古斯部落为了安生度日，只好大批沿江东迁。顺江而下的通古斯人参与了赫哲族的组建，因而在赫哲族的成分中有诸多通古斯人的元素。

赫哲族的民族名称，在民族内部有三种说法，即："那贝"、"那乃"和"那尼傲"。这三种称谓虽然不同，但含义相同。"那"是汉语"本地"或"当地"的意思；而"贝"、"乃"、"尼傲"都是汉语中"人"的意思。这三种称谓来自不同的地区，居住在松花江畔的赫哲人多称自己为"那贝"；居住在街津口一带的赫哲人多称自己为"那乃"；而居住在乌苏里江畔的赫哲人则称自己为"那尼傲"。

赫哲族不同的称谓主要是用来区别地域的，类似汉族中"你是关里人"、"他是关外人"，或者"南方人"、"北方人"。但是，赫哲族在与其他民族交往时，不使用内部称谓，而一致称自己是"赫真"或"赫哲"。

历史上，统治阶级对赫哲族底层民众歧视和凌辱，强加于他们一些名称。比如清代和民国之初，官府称赫哲族为"鞑子"、"鱼皮鞑子"、"狍皮鞑子"等。在官府影响下，"鱼皮鞑子"之称广为流传，这是根据赫哲族从事捕鱼、吃鱼、用鱼皮缝制衣服而强加于他们的名称，带有明显的诬蔑之意。

三、三姓城——赫哲族第一座城池

赫哲族原本散居在三江流域的江河湖畔，从事渔猎生活。清朝康熙五十三年（1714 年）朝廷为了强化对北方民族的统治，建立依兰哈拉城（赫哲语依兰为"三"的意思，哈拉为"姓氏"的意思），设置协领衙门，将周边赫哲族集中编入八旗的镶黄、正黄、正白、正红四旗，对赫哲族实行组织控制。赫哲族也由此与城池发生了关系。

依兰哈拉城池以“三姓”命名，以至成为我国北方民族史研究出现频率极高的词汇，主要是居住在这一地区的赫哲族数量较多，而且集中为三大姓氏。这三大姓氏为卢日勒氏族（汉语为卢姓）、傅特哈氏族（汉语为胡姓或傅姓）、葛以克日氏族（汉语为葛姓）。在不同的研究文稿中，对“三姓”给出了不同的说法，比如有研究认为，“三姓”是“努叶勒氏”、“胡什哈里氏”、“葛依克勒氏”等，这些研究上的差异并无大碍，问题可能是因为赫哲族的氏族称谓不是单一的，有的氏族分支较多，有的使用大氏族名称，有的使用了氏族中分支的名称，同时也不排除赫哲语翻译为汉文时，音同字不同等出现的偏差。

据《依兰县志》民国九年卷八中记载，“……后来，三姓城迁来又一赫哲氏族舒穆鲁氏（也有写成舒木鲁的），清朝就将三姓城的四个赫哲族共 1530 余丁编为镶黄、正黄、正白、正红四旗。雍正十年(1732 年)设三姓副都统，从三姓赫哲人中‘挑选披甲 800 名’编为六个佐”“又从乌苏里江德克登吉等地方所居八姓赫哲人丁中挑选披甲一千名”编为十个佐。

清王朝出于对三姓城统治的需要，采取各种手段拉拢赫哲族上层人物，任用赫哲族的氏族首领担当要职，统管所辖区域。

“三姓城”初为霍通噶珊（汉语为城寨的意思）。清朝官府设置后逐年大兴土木，建造衙门官邸。随着人口增多，旅店、饭馆、商号、作坊等开始兴起，城池有了规模。到 1935 年刘绪宗所撰《依兰纪略》记载：“调查全县户口达三万五千，人口约二十余万，满洲民族占三分之一。”可见，以三姓命名的这座城池，早在 70 多年之前就充满了勃勃生机。

第二节 最早迎接太阳的民族

在我国最东、最北的辽阔三江平原上，勤劳、勇敢、善良的赫哲人最早把太阳迎进祖国的天空。千百年来，他们繁衍生息，在绿水青山中扬帆弯弓，夏渔冬猎，日出而作，日落而息，坚韧顽强地将民族文化传承至今。

一、安营扎寨居东方

居住在乌苏里江沿岸的赫哲族自称“赫吉斯勒”、“赫古勒”和“赫真”。这三种称谓在赫哲语中是同一个意思，即“东方的人们”或“下游的人们”。由此可见，赫哲族的先辈生活在祖国的最东方，他们在这里安营扎寨，生息繁衍。

赫哲族安营扎寨居东方，说来话长。一位黑龙江流域史学研究者祁学俊老先生讲述了一段动人的历史故事：

沙皇俄国原本是一个欧洲国家，与亚洲东部的中国领土相隔遥远，并不接壤。9 世纪末，在第聂伯河上俄国所建的“基辅罗斯公国”，它的东部国界还不到伏尔加河，与中国的贝加尔湖以东地区和黑龙江流域更是遥隔万里。15 世纪中叶以前，俄罗斯还处于封建割据时代，到了 16 世纪初，俄罗斯才形成了一个统一的国家，这时俄国的领土东部边界还在鄂毕河以西。1547 年莫斯科大公伊凡四世执政，在他的加冕典礼上，正式宣布采用古罗马皇帝称号“凯撒”（在俄语中变音是“沙皇”）。从此，沙皇不断向外扩张。16 世纪下半叶俄罗斯越过欧、亚两洲交界的乌拉尔山，向西伯利亚扩张。16 世纪 90 年代推进到鄂毕河东岸，17 世纪初占领了叶尼塞河流域。1632 年建立了雅库茨克，成为沙俄在勒拿河中游向东方侵略的据点。17 世纪中叶，沙皇俄国的殖民主义者侵入贝加尔湖以东地区和黑龙江流域。沙俄匪徒对贝加尔湖畔的通古斯部落进行烧杀抢掠、强暴奸淫、无恶不作，所到之处一个个村庄在一片硝烟中变成废墟，哀鸿遍野，当地居民陷入水深火热之中。在这危急时刻，通古斯人蜂拥而上，拿起长矛大刀配合清军奋起抗击，与敌人展开了生死搏斗，打得敌人狼狈不堪、落荒而逃。清政府为了进一步与敌人长期作战，下令通古斯部落群向东南迁徙。于是，携家带口的老老少少便浩浩荡荡地向东南进发，这便是历史上著名的通古斯部落大迁移。

向东南迁移的通古斯部落群有数千户，他们带着妻儿老小、生活用品和心爱的猎狗踏上祖祖辈辈长年赖以生存的渔船，依依不舍地离开了美丽的家园——贝加尔湖。迁移的人群顺着色楞格河，又向东南顺流而下，通过额嫩河和石勒喀河来到了额尔古纳河。在长途漂流中，一部分通古斯人看到河畔壮美无际的大森林便停靠在岸边，一头扎进森林里驻扎下来，这部分人后来就成了大兴安岭的主人——鄂温克族和鄂伦春族。另一部分通古斯人继续沿着额尔古纳河向东顺流而下，进入了宽阔浩渺的黑龙江。在离逊克不远处，又有一批通古斯人上岸休整，安营扎寨，炊烟袅袅。他们用树干和桦树皮搭成各种简易的“温特合安口”，在江岸一字排开，绵延十几里，很是壮观，后来这些通古斯人因留恋宁静幽美的群山秋色，终于没有再沿江下行，而是穿过一片清爽的白桦林，向正南的黑龙江支流顺流漂去……这就是后来居住在嫩江一带的达斡尔族。

顺黑龙江继续前行的通古斯人只有三分之一，他们沿江向东南方向继续顺流而下，因黑龙江支流繁多，很容易误入江汊之中，于是走在前面的人用草把做成标记，为后面的人顺利行进指示方向，当有一部分人行至黑龙江与松花江汇合处时，看到草把指向西方，便拐进松花江逆流而上，其实草把本来是指向东方黑龙江下游的，但是天空突

然刮起一股强风，把草把方向吹向了西方的松花江。后来这些人成了松花江中下游的赫哲人，他们居住在松花江沿岸同江、富锦、佳木斯一带。

剩下的一部分也就是走在最前面的人，定居在黑龙江中下游和乌苏里江一带成为赫哲族。松花江上游沿岸的赫哲人自称“那贝”，居于松花江与黑龙江汇合处以下至乌苏里江沿岸的赫哲人，自称“那尼傲”。

二、“三江”养育赫哲人

赫哲族以捕鱼为主业，生产方式和生活方式决定了他们离不开江河湖泊。黑龙江、松花江、乌苏里江便是养育赫哲族儿女成长的母亲江。赫哲族的先辈摇着时间的双桨，从黑龙江顺流而下，集聚在三江汇合之处，形成了屹立在祖国东方的伟大民族。

三江口　（王景和摄）

黑龙江流域跨中国、蒙古和俄罗斯 3 个国家，地理位置约在北纬

47°40′～53°54′，东经121°28′～141°20′，流域内山岭耸立，平原集中，森林茂盛，植被良好；河流众多，土地肥沃，生物种类繁多，为北方民族发展农、林、牧、副、渔业提供了良好的自然条件。在三江流域有大兴安岭、小兴安岭、长白山和张广才岭等山脉分布。大、小兴安岭海拔约1000米，大兴安岭是额尔古纳河和嫩江的分水岭。自北向南形成一道高耸的屏障，环抱着松嫩平原。长白山海拔500～2000米，白头山主峰海拔2700米，为中国东北地区第一高峰。黑龙江、松花江、乌苏里江汇合的三角地带为三江平原，海拔60～80米，是我国的金色粮仓。

黑龙江发源于石勒喀河与额尔古纳河汇流处，距河口2824千米。石勒喀河发源于内陆547千米处的远西伯利亚音果达（Ingoda）河与蒙古鄂嫩河的汇合处。额尔古纳河发源于中国内蒙古自治区，距其与石勒喀河汇流处约1609千米。该水系流域面积约1 855 000平方千米，包括许多河流与湖泊。主要支流有西伯利亚的结雅（Zeya）河、布列亚河和阿姆贡（Amgun）河与中国的松花江以及中国东部和西伯利亚之间边界河流乌苏里江。

在历史上，人们习惯地把黑龙江分成上、中、下游3段。上游始于石勒喀河与额尔古纳河汇流处，终于黑河市大黑岛处，长约880千米；中游从黑河市延伸至抚远水道，长约960千米；从抚远水道至河口为下游，长约960千米。

黑龙江上游流经茂密的落叶松林覆盖的大兴安岭余脉与阿马札尔岭松树遮蔽的山坡之间的山谷。在西伯利亚阿尔巴济诺（AIbazino）附近，山岭分开，河流进入开阔的高原地。中游流入结雅河一布列亚河盆地。河谷左坡与平原融为一体，令人难以觉察，而右坡与小兴安岭毗连，进而沿着一条峡谷似的狭窄通道穿越小兴安岭，深度和速度剧增。其下游在低矮的、河水漫溢的两岸间奔流，进入一片浩茫的沼泽，

水道将地面切割开来，上面点缀着湖泊和水塘，河床多分支，水道变得很宽。

在西伯利亚列宁斯科耶（Leninskoye）附近，黑龙江最大的支流松花江将其黄色的、充满泥沙的流水泻入，在同江附近，松花江、乌苏里江与之合流，随着这些流水的汇入，黑龙江漫然泛滥于潮汐河谷平坦的沼地上，河床成了一个支流、港汊、旧河床、岛屿、沙洲和岬角的迷宫。在抚远，黑龙江距日本海海岸仅 370 千米，但因为被锡霍特山脉改变流向，北流 966 千米才注入海中。

黑龙江流域为季风气候，来自中国内陆和海洋的风随季节转换。冬季，从西伯利亚来的干冷空气带来晴朗干燥的天气，伴有强霜；夏季，温暖潮湿的海风带来大雨，提高了黑龙江及其主要支流的水位；秋季，温暖而干爽，冬季严寒，1 月平均气温南部为零下 24℃，北部为零下 33℃。7 月平均气温南部为 21℃，北部约为 18℃。区域降水量不平衡，靠近日本海地带最大，每年平均为 600～900 毫米。

黑龙江主要靠夏秋降落的季风雨补给，雨水很快流入河中，形成 5～10 月的洪涝期，平均流量约为 10 900 立方米/秒。冬季，在抚远和哈巴罗夫斯克附近，流量降低为 148 199 立方米/秒。最高水流量为 1897 年所记录到的 39 200 立方米/秒[①]。

黑龙江上游在 11 月初封冻，下游在 11 月下旬封冻。河流下游在 4 月底解冻，上游在 5 月初解冻。在黑龙江解冻季节，偶尔发生冰塞现象，冰塞常在河流急弯处发生，可暂时抬高水位达 15 米，解冻的江水不能顺畅下流，往往造成冰塞，现在一般采取飞机投弹炸开冰塞。这种冰塞现象被称为“武开江”或“倒开江”，气势宏伟，是难得一望的壮丽景观。

黑龙江流域鱼类丰富，下游约有 100 多种，上游约有 60 种。赫哲

① 黑龙江政府网.

人形象地概括为“三花”、“五罗”、“十八子”。“三花”是鳌花、季花、边花；“五罗”是鸭罗、蜇罗、沙罗、湖罗、铜罗；“十八子”是鲤子、岛子、七里夫子、嘎牙子、鲫瓜子、山丁子、红眼蹬子、黄姑子、白栗子、钩鼻子、红尾巴稍子、山里鲤子、狗鱼棒子、七星子、鲢子、柳根子、细鳞子、麦穗子，都是餐桌美味。黑龙江鱼类繁殖和生长有一个特点，有许多种鱼是在海中繁育，以避免幼鱼遭受夏季水位急剧变化影响成活，长大后再游回黑龙江中。

传说，很早很早以前，黑龙江叫白龙江。谁也说不清是什么时候，白龙江改名为黑龙江了。

在黑龙江流域流传一个生动感人的故事，听完这个故事，自然也就揭开了白龙江变成黑龙江的秘密。

相传在很久很久以前，在山东海边住着一户姓李的人家，只有兄妹二人。一天，哥哥出远门了，妹妹到海边洗衣服，由于劳累和天气酷热，在海滩上不知不觉睡着了。突然，海面掀起大浪，海风夹着海水涌上滩头。李家姑娘被惊醒后，感到肚子阵阵疼痛，便赶忙收拾起衣服回家了。

谁知，从那以后，李家姑娘的肚子一天天长大，十个月后的一天，竟然生下一条小黑龙。姑娘心里忐忑不安，不知如何是好，留着他见不得人，掐死他下不了手。在惶惶不安中，姑娘给小黑龙喂奶。这时奇怪的事情发生了，小黑龙吃饱了奶转眼就不见了踪影。打那以后，小黑龙每天晚上回来吃奶，吃饱了就飞身而去。

不久，李姑娘的哥哥回来了。妹妹痛哭流涕地向哥哥述说了家中发生的一切。哥哥听后无语，他偷偷地藏起了一把刀。晚上小黑龙又回来吃奶了，他突然举起刀狠狠地向小黑龙砍去，只见一道火光闪过，屋里响起了一声炸雷，小黑龙像火箭穿越屋顶转眼便进入了云层，地上只留下了一段被砍掉的龙尾巴。李姑娘心疼地痛哭起来。

因为小黑龙生在李家，又被舅舅砍断了尾巴，所以大家都叫它“秃尾巴老李”。

秃尾巴老李被舅舅砍伤以后，不知跑到哪里去了，很久都没有消息。冬去春来，一年初春的一个傍晚，住在江边的老船夫正忙着做晚饭，忽然走过来一个穿黑衣服的小伙子，很有礼貌地请求在老船夫的草棚里借宿一夜。老船夫对这个又黑又壮的年轻人很是喜欢，高兴地说：“那就住下吧，等我做好饭，咱们一起吃。”

第二天早饭过后，小伙子要出去办事，老船夫约他晚上还回来住。小伙子答应了。那天本来天气晴好，可是小伙子离开不到一个时辰，只见东山那边阴云密布、雷鸣电闪，一会儿黑，一会儿白。忽然，一团云落在江面，黑云也不见了。黄昏时，老船夫又开始做饭。他知道小伙子饭量大，昨天一顿就吃了他两天的东西，又出去跑了一天，不吃饱怎么行呢？于是他做了更多的饭菜等小伙子回来。

黑小伙子回来以后，一口气就把饭菜全吃光了。晚上临睡前，老船夫见小伙子直叹气，就安慰他不要发愁，有事情慢慢办，着急上火不顶用，养活他没有什么问题。小伙子却深有感触地说：“一顿饭吃饱容易，顿顿吃饱难啊。”两个人聊着聊着，老船夫上眼皮打下眼皮，困意上来了，迷迷糊糊的时候，隐隐约约地听道：“我是一条黑龙，家住在山东，人们都叫我秃尾巴老李，自从被舅舅砍了一刀后，一直住在东海，我常常听到北方有哭声，便好奇地打听到是白龙江里的白龙作怪，他年年兴风作浪，制造洪水，淹死百姓，冲走庄稼。我心里装不了不平事，所以约白龙决一死战，今天是第一仗，把白龙打败了，明天中午再战。可是白龙的家在这里，不仅饿了有吃的，还有人助战。我是从东海而来，饿了没吃的，又没有帮手，怎么能打败他呢？想来想去还得求您老人家帮我一把。明天中午我和白龙打仗时，您站在东山顶上，见到江里黑水翻上来，就往江里扔吃的，看见白水翻上来，就往江里扔石头。这样，我就可以把白龙制伏了。”

老船夫听到这里，猛地坐起来，只见天色已亮，住在家里的那个黑小伙不知去向。他走出草棚，看见年轻的渔夫们都没有出海，大家聚在一起议论纷纷，原来，他们也做了和老船夫一样的梦。于是，大家商定帮助秃尾巴老李。渔夫们各自回家，蒸了好多大馒头，又准备了许多石头和石灰，便集合上了东山的江边。中午刚过，天忽然阴了起来，只见江面上黑白两股水搅在了一起，发出“呼啦呼啦”的巨响。老渔夫担当指挥，看见黑水翻上来时便发出号令，大家往海里扔馒头，并齐声高喊：“秃尾巴老李加油，秃尾巴老李必胜!”当白水翻上来时，就把一筐筐石头扔下去，高喊：“凶恶的白龙，快滚开!”几经厮杀，忽然一股白烟腾起，转眼工夫便消散了，海面上恢复了往日的平静。

那天晚上，黑小伙没有回到老船夫家里。第二天一大早，天刚放亮，老船夫心里犯嘀咕，这个黑小子走了连个招呼也不打。他准备去东山坡开点荒地，一开门，只见黑小伙站在门外，笑嘻嘻地说：“大爷，你歇歇，我去吧。”说完，转身而去。老船夫忽然想到，小伙子没有带工具，就拿起镐头追到了东山。老汉看见一条没尾巴的黑龙用龙角推倒杂树，开出了一大片耕地。老船夫恍然大悟，这小伙子真是秃尾巴老李，没敢惊动，便悄悄地回家了。黑小伙回来后，知道老人已经看出了他原本的样子，便说：“以后我不便再来了，你把那块地分给大家种吧，告诉他们这条江不会再伤害老百姓了，大家什么时候有困难，就到江边找我吧。”说完，黑小伙就不见了。人们为了纪念为民除害的“秃尾巴老李”，就把这条江的名字改成了“黑龙江”。

松花江是黑龙江最大的支流，全长1840千米，流域面积54万平方千米，有两条主要支流，一条是源于白头山天池的第二松花江，另

一条是源于小兴安岭的嫩江。松花江是中国东北地区的一个大淡水鱼场，黑龙江的“三花”、“五罗”和“十八子”也生活在松花江中，只是“十八子”中的个别鱼名叫法不同而已。冬季的松花江，气候严寒，有时气温会降至零下 30℃，结冰期长达 5 个月，渔民破冰捕鱼使用的渔具与黑龙江边的渔民使用的大致相同。

乌苏里江是黑龙江的一条主要支流，由乌拉河与道比河汇合而成，向东北流至伯力一带急转折向西南，注入黑龙江。乌苏里江全长 890 千米，流域面积近 19 万平方千米。自其支流松阿察河流入之处起，至江水与黑龙江汇合之处止，是中国与俄罗斯的界河。乌苏里江上游为俄罗斯境内的乌拉河与刀毕河，源出锡霍特山脉的西坡，由南向北流，入松阿察河后称乌苏里江，向东北流至哈巴罗夫斯克（即伯力），汇入黑龙江。主要支流左岸有松阿察河、穆棱河、挠力河；右岸有伊曼河、比金河等。其中中国境内河长约 473 千米，流域面积 5.67 万平方千米。松阿察河发源于中国和俄罗斯边境的兴凯湖。兴凯湖面积 4380 平方千米，水深达 10.6 米，水产丰富。自松阿察河起，到乌苏里江与黑龙江汇合口止，为中俄界河。

乌苏里江江面宽阔，水流平缓，多岔流和岛屿。结冰期约 5 个月。下游多年平均流量约 1700 立方米/秒，最大流量达 10 520 立方米/秒。不定期通航里程 622 千米。乌苏里江流域土地肥沃，原始森林密布，蕴藏大量矿产，盛产大豆、玉米、水稻等。水产亦极为丰富，鳌花鱼、鳇鱼、胖头鱼、鲟鱼、东珠（珍珠）等闻名全国，还有特产大马哈鱼，最大的长达 4～5 米，重达 700～800 千克。《黑龙江志稿》有“每年秋天自海逆水而上，入江驱之不去，充积甚厚，当地人竟有履鱼背而渡者”的记载，以此形容大马哈鱼数量之多，踩着鱼背即可过江。

拿着马哈鱼的渔民　（肖殿昌摄）

乌苏里江每年有 4 个多月结冰期，这期间冰面就变成了雪橇飞驰的金光大道。

正是这源远流长的三江，养育了一代又一代优秀的赫哲族儿女。

三、一望无垠的大湿地

赫哲人居住的周边被著名的“三江湿地”环绕。“三江湿地”位于黑龙江及乌苏里江交汇处，地理坐标为东经 133°43′20″～134°46′40″，北纬 47°26′～48°22′50″，总面积 198 089 公顷。境内大小河流 50 多条，湖泡 200 多个，江心岛 26 个，沼泽遍地，野生动植物资源十分丰富，是我国东北端一块面积最大、原始风貌最完美的低地高寒湿地，也是东北亚鸟类迁徙的重要通道，是鸟类停歇地和繁衍栖息地，自然植被以沼泽化草甸为主，并间有岛状森林分布，均保持着原始自然状态，

为东北地区的气候调节、水源涵养、洪涝灾害控制及工农业生产和人民生活安全提供了重要保障。

三江湿地　（肖殿昌摄）

黑龙江三江自然保护区被国际湿地局批准列入“国际重要湿地名录”。

第三节　赫哲族人口集聚地

漂泊不定的赫哲族，在新中国成立后结束了动荡的迁徙生活，定居安身下来。目前，全国赫哲族主要分布在黑龙江省同江市、饶河县、抚远县、虎林市、富锦市、集贤县、桦川县、依兰县、佳木斯市郊区等地，其中规模最大的有街津口乡、八岔乡、四排乡和敖其村。

一、山水画中——街津口

街津口是同江市赫哲族乡的所在地。她依偎在完达山余脉的街津山臂弯里，湍急的江水流到山脚下受阻，回流编织出一条静静流淌的莲花河，像青春少女随风飘起的衣裙，绕村一周，让人魂牵梦萦，把人带到久远的过去……

相传，街津口是在通古斯部落大迁徙时发现的一块风水宝地。通古斯部落群是由许多哈拉莫昆组成，其中在通古斯部落群的大迁移中，有一个哈拉莫昆氏族，即孙木恩哈拉（赫哲语意为独角龙之意，此姓氏是由赫哲族图腾崇拜而得名）。这个氏族行至黑龙江与松花江交汇处迤下 45 千米时，氏族的“莫昆达”（即家族长）孙木恩，看到右岸景色奇异绝妙，令人叹为观止，禁不住脱口而出：“我们来到了人间仙境。”于是，大家停船上岸，在此定居下来。

这里，三面环山，一面傍水，山光水色，旖旎多姿。面对水面一侧裸露出的一端山峦石崖，嶙峋斑驳，醉卧江岸，像一头无角的庞大巨牛在卧江饮水，又像一扇中流砥柱的大门，把守三面环山下的入河口处，一湾清亮的河水蜿蜒在青山和草原的交界处，像美女的春眸，映入了清秀隽美的山峦，真是一幅人间仙境的自然山水画！又是一方奇世绝妙的风水宝地。这里绝世幽静，渺无人烟。于是，族长孙木恩下令顺其河口驶入其中，定居在这个世外桃源般绿水青山的怀抱中，开天辟地，他们成了这里的第一户人家。白驹过隙，世事沧桑，后来这里的山叫街津山，这里的河叫莲花河，河口江中兀立的天然巨石叫钓鱼台，这里的村叫街津口，是现在的街津口赫哲族乡所在地，被国家列入“中国十大著名乡村之一”、“国家乙级旅游区”和“街津山国家森林公园”，是国内外游人云集的与俄罗斯一江之隔的边境少数民族旅游特区，是一颗镶嵌在祖国东北三江大平原上璀璨夺目的明珠。

街津口从远古走到现代，小城镇建设是历史的见证。跨越莲花河的钢筋水泥大桥像一条飞架南北的彩虹，把街津口与世界联通，具有民族文化特色的休闲广场，集聚着四海宾朋，一排排红墙碧瓦的赫哲族住宅小区，身着民族服装的妇女在绿树掩映下像朵朵盛开的鲜花，把小区点缀得如仙境般美丽，似梦幻般神奇。

街津口是赫哲族的一张最“亮眼”的名片。

街津口赫哲民族文化村大门 （肖殿昌摄）

一年四季，春当首。春天，街津口蕴藏着勃勃生机。正当溪水潺潺，彩蝶飞舞，极喜、极春的达紫香开遍了山坡河岸和丛林中。紫红色的达紫香是“三江”流域最早盛开的鲜花，如果在白桦林里看到盛开的达紫香，那是最饱眼福的事情了。白桦树亭亭玉立，犹如温情的少女，而达紫香犹如朵朵彩霞，依偎在少女的怀里，一眼望去，让人兴奋不已。在赫哲人家中的花瓶里也插满了达紫香，一股股浓浓的春意扑鼻而入，传递着春的信息。

盛夏，是街津口最快活的季节。村旁缓缓流淌的莲花河一下子欢腾起来，父子船、夫妻船、兄弟船、姐妹船赶着鱼汛，云集在银色的渔滩旁，正如歌声所唱：赫哲人撒开千张网，船儿满江鱼满舱的情景。在捕捞的空隙时，年轻的渔民在“银滩”上玩起赫哲族传统游戏——跑趟子、叉草球。最令人神往的是“比武择婿”。早些年“比武”是婚姻的媒介，如今已经成为旅游的产品项目，要是有人想娶一个能歌善舞美貌的赫哲族姑娘为妻，必须尝试一下“比武择婿”的滋味，考量一下自己的本事。

秋天，街津口是一个果实的摇篮。街津口坐落在天然的果园里，满山遍野的山里红、山丁子、山梨、山葡萄……酸甜可口清香扑鼻，一串串、一排排、一岗岗、一脉脉从山上排到山下，直到黑龙江岸边，为天鹅颈上的项链增添了五彩珍珠，黄的像金，绿的、紫的像玉，红的像玛瑙，令人如痴如醉。

秋天，赫哲人期待着“白露”节气的到来。每到这个时节，大海里出生，大江里生长，候鸟式的大马哈鱼，成群结队逆水而上，从大海返回黑龙江和乌苏里江，街津口是大马哈鱼“歇脚”的地方，也是赫哲人撒网下钩的地方，渔民们在欢歌笑语中，收获了希望和幸福。

冬季，是街津口银装素裹肃然起敬的季节，碧绿的江水吞服了大量的严寒凝固剂，变成了清澈碧绿的明冰，静静地躺着，一言不发。可是，渔民们在数九严冬也不让她“消停”，用冰镩子把厚厚的冰面打出洞，十几个冰洞连成一排，然后采用串联的方式下网，用串联杆在一端像穿针引线一样通过各个冰眼，在冰下把水线穿到另一端冰眼上，一端拽水线，一端放网，然后在网的两端系上网杆，插在水底固定，一片网就下完了。转眼工夫，冰面上便竖起一片片、密密麻麻的网杆，大有围栏全歼之势。

清早，太阳刚刚露出笑脸，渔民们便带着收获的喜悦，来到冰面

上溜网，只见一条条一尺多长的狗鱼、细鳞、雅不喀……落入网中，成为渔民的“俘虏”。有的一片网里四五十条，每条足足有五六斤重，当渔网拉出水面，鱼在冰面上跳动，很是不服输的样子，也有些个头较小的“沙葫芦子”等误入网中，虽然不占分量，但是这种鱼很细嫩，口感特好。

如今，这个全国赫哲族人口最密集的民族乡，已经告别了久远的宁静，更多的人走下渔船融入市场经济大潮中，鱼皮画室、鱼皮手工作坊、鱼皮工艺品专卖店、鲜鱼馆等经营店为街津口增光添彩，给街津口带来了人气，带来了希望。

二、“三江明珠”——八岔乡

八岔乡是赫哲族在乌苏里江畔的居住地。八岔乡背靠碧波万顷的乌苏里江，面对八岔岛湿地自然保护区。身居乌苏里江和八岔岛湿地中间的八岔乡被誉为三江流域的一颗璀璨的明珠。

八岔乡的身后是逶迤的完达山脉，原始自然，清纯质朴，风光旖旎，林海浩瀚，沃野千里，物产丰饶。在八岔乡获取东北“三宝”——山参、貂皮、鹿茸易如反掌，唾手可得。

在乌苏里江流经的八岔乡河段，水质检测为原生态，是“三江”名贵冷水鱼产量最高、品种最多的地方。有大马哈鱼和“三花五罗十八子”等40多种。

八岔乡四季分明，明显的季节变化传递着不同的信息，给人带来不同的景象，来到八岳乡的有心人忍不住留下笔墨，赞叹“三江明珠”八岔乡，这样写道：

> 初春，冰排炸裂，轰之震响，奔流而下，令人惊心动魄。
>
> 盛夏，碧水如练，渔舟唱晚，鸥鸟绕樯，令人流连忘返。

金秋，五花山色，万紫千红，绚丽缤纷，令人心旷神怡。

隆冬，银蛇蜿蜒，玉树琼花，晶莹剔透，令人赏心悦目。

八岔乡是一个“湿地公园”和“湿地王国”，她在湿地的怀抱中。珍宝岛湿地和虎头湿地像“美女”两个妩媚动人的丰乳，突起在胸前，为八岔乡增光添彩。

位于虎林市东北部、在乌苏里江主航道中国一侧的珍宝岛，曾发生过震惊中外的“珍宝岛事件”，记录了人与自然极不和谐的音符，也彰显了中华民族的强大和自信、自尊。如今，她恢复了以往的宁静。在八岔乡东南的沿江地带，有典型而独特的虎头湿地，这两块天然湿地，大气磅礴，一望无际，壮美天成。目前，已建立了国家级自然保护区。

八岔乡的腹地处在八岔岛国家级自然保护区，位于同江市东北部，地理坐标为北纬 48°08′～48°18′，东经 133°40′～134°01′，保护区总面积 32 014 平方千米，属内陆湿地与水域生态系统类型，是黑龙江省乃至我国为数不多的原始风貌保持良好的临江国界型自然保护区。1999 年同江市八岔岛自然保护区管理站成立，2000 年晋升为省级保护区，2003 年晋升为国家级自然保护区。

临江附河的八岔岛自然保护区，有着大自然赋予的独特恩典，这里既有一望无际的平原湿地、悠悠碧草，也有展翅飞翔的大雁；既有百花争艳的绚丽景象，又有千里冰封、万里雪飘的北国风光；既有茂密的原始森林，也有坦荡的草原；既有悠闲飘逸的天鹅，也有高贵典雅的东方白鹳；既有象征长寿的丹顶鹤，又有表现爱情的鸳鸯；既有高大健壮的驼鹿、马鹿，又有憨态可掬的黑熊……这一切构成了八岔岛自然保护区丰富的野生动、植物资源。据不完全统计，这里有野生脊椎动物 331 种，野生植物 593 种。不仅是重要的生物多样性基因库，

同时还拥有丰富的景观资源以及赫哲族这一历史文化遗产，是国内外科研机构考察研究三江平原湿地的典型基地。

八岔赫哲族乡就坐落在岛屿的怀抱中，这里有八岔岛、八岔二道江岛、八岔三道江岛、男女岛、青鳇鱼通岛、红灯岛、雪那洪岛等大小 50 余个岛屿。

八岔赫哲族乡是一个“发现王国”，她在自然的怀抱中。天苍苍，野茫茫，风吹草低见牛羊的大草原景色，尽显其神韵。岛上生长着几乎绝迹的野生大豆、黄芪等珍稀植物；沼泽中，北方难得一见的荷花竞相开放，犹如江南水乡；野生的猴头、木耳、元蘑随处可见；党参、龙胆草等珍贵药材比比皆是；都柿、山葡萄、灯笼果等浆果散发着诱人的芳香。

这里更是鸟的乐园。百鸟欢歌、群鸟争鸣，为八岔赫哲族乡描绘出一幅优美的大自然画卷，成为人与自然和谐相处的一大景观。

览人文自然奇景，观原始生态景观。八岔赫哲族乡引得众多中外专家学者和文人墨客前来考察调研，并赋予了她诗的深情与浪漫。

三、鱼米之乡——四排乡

四排赫哲族乡位于饶河县东北 17.5 千米处乌苏里江西畔，隔江与俄罗斯相望。流经四排赫哲族乡的有乌苏里江、大班河、小安河等一江五河。

四排乡辖四村一场，区域面积为 49 平方千米，耕地 2.2 万亩，林地 0.63 万亩，草地 0.51 万亩，自然捕鱼水域 2.9 万亩，泡泽 0.11 万亩。

四排乡与水结缘，有“塞北水乡”之美誉，是大马哈、“三花五罗”、鲑鱼、鳜鱼、鲤鱼、鲫鱼等淡水名贵鱼种的盛产地。勤劳智慧的赫哲人坚持走以养为主、养捕结合、发展循环经济的新路，建成了 170

万亩的大型水产养殖场，开展人工养殖。在水产养殖的同时，多业并举，创办了综合养殖场，年出栏生猪1000头、鸡2000只、鹅5000只，建起小酒坊，与养殖场联合，形成产业化经营。

塞北水乡　（金耀文摄）

四排赫哲族乡是一个现代绿色农业观光园和采摘乐园。大豆、玉米、小麦、水稻、白瓜子、红小豆等农作物间播间种，排列整齐，五彩缤纷，远处望去，仿佛阅兵广场，一排排、一行行的作物在接受劳动人民的检阅。明失儿兀赤卫遗址、江心马场岛、堤北大雁湖等自然景观，为四排赫哲乡增光添彩，一派“四方宾客排队来”的繁荣景象。

四、都市花园——敖其村

敖其为赫哲语，意为捕鱼用的“操罗子”。敖其村的赫哲族是康熙五十三年被迁至三姓地区并编入正黄旗的克依克勒（葛依克勒）赫哲人，当时被称为“伊彻满洲”，编入八旗而把民族成分填写为满族。1984～1986年中共佳木斯市委和民族部门的工作人员，根据葛姓家族的请求，同意将其民族成分由满族更改为赫哲族，实现了正本清源。佳木斯市郊区人民政府于1986年正式批准将该村确定为敖其赫哲族村。

敖其村　（杜殿文摄）

敖其赫哲族村在佳木斯市郊区敖其镇政府所在地，南依完达山余脉，北临松花江，三面环山，一面傍水，闹中取静，被誉为佳木斯市的后花园。

在繁华闹市中，敖其村闹中取静，构筑了六大不同功能的版块，即人口综合服务区、赫哲族文化展示区、滨水休闲区、原生态景观区、狩猎体验区、垂钓撒网感受区。“敖其花园”已成为佳木斯市城里人休闲度假的好去处。

人口综合服务区是白色墙体、蓝色彩钢屋顶构成的住宅建筑群，一栋房两家住，整整齐齐。服务区内有学校、卫生院、超市、通信、金融等服务机构，是一个成熟社区；赫哲族文化展示区的主体是一栋建筑面积 3000 多平方米的展览馆。她像一艘古老的渔船载着赫哲人从远古顺江而来，既有苦难的诉说，更有欢乐的“乌苏里船歌”，展示了赫哲人天翻地覆的变化；滨水休闲区是嬉水的乐园，湖水与松花江水相通相融，清澈透明。脚踏水车让人回归手工工具时代，感受手脚功能，而水上摩托却展现了智能的力量。耳湖里养殖的“三花”、“五罗”是供游人观赏之用，鱼儿在荷花间自由自在地游来游去；原生态景观区和狩猎体验区是对“孪生兄弟”，两个区域隔沟东西相望。东山原始林和人工林混交，树木笔直参天，正午的阳光从树木的缝隙中穿射而进，像一道道金丝线，耀眼夺目。走近林海，空气带着青草的芳香，让人陶醉。而在狩猎体验区却听不到枪声，嗅不到火药味，狩猎人回归到原始部落，手持扎枪、弓箭，用夹子等设伏，追赶猎物，回归自然，品味原始狩猎生活，美不胜收。

垂钓撒网感受区设在村子里的水产养殖场，一年四季均可感受，那里是钓鱼捕鱼爱好者的乐园。春夏秋冬每季度举办一次垂钓和网捕比赛，年终是季度获胜者总决赛，荣获冠军者可享有“特殊垂钓和网捕权”。

第二章

社会组织、生活与文化

赫哲族在生息繁衍的过程中，同样刻上了清晰的社会烙印，记录了不同历史阶段和社会制度下的生活习俗和文化传承。

第一节　从“哈拉莫昆”到编户编旗制

赫哲族融入社会是从氏族组织开始的，到清朝编户编旗制经历了几千年，记录了民族发展的悲凉与欢歌。

一、哈拉莫昆

“哈拉莫昆”是赫哲族最原始的、管理本民族内部事务的组织形式。

（一）哈拉莫昆达的产生

“哈拉”在赫哲语中是“姓氏”之意，“哈拉达”即氏族长。“莫昆”在赫哲语中是“族”之意，即家族或宗族，“莫昆达”即氏族长或宗族长。

通常，一个“哈拉莫昆”由几个或十几个数量不等、同姓有血缘关系的家族组成。所以一个“哈拉”可以有若干“莫昆”，但一个“莫昆”只能属于一个“哈拉”。但是，也有人认为，“哈拉莫昆”是一个不可分割的整体概念，只是语句上的重复。

赫哲族“哈拉莫昆”的产生，可追溯到氏族公社时期。赫哲族在渔猎生产实践中，不断创新生产工具，提高生产技术，人口繁衍能力增强，大家庭不断衍生出小家庭，家族不断增多。随之，家庭公社在生产、生活中的地位和作用越来越突出，但氏族组织还存在，所以“哈拉莫昆”没有严格分开。

“哈拉莫昆达”（氏族长）由“哈拉莫昆”全体成员选举产生，类似现在的全民投票。“哈拉莫昆达”人选要求条件比较高，在氏族中要享有崇高的威望，为人忠厚、有诚信、办事公道、勤劳勇敢，能号召本氏族的人团结战斗，捍卫本氏族的利益。最初，氏族长大多由年事较高、辈分比较大、有渔猎经验的“劳得玛发”（渔把头或打头的）担任。后来，随着生产关系的变化，氏族长也逐渐由公众选举演变为由子继缺，最后发展到由统治阶级的官府委派。“哈拉莫昆达”产生的变化使得赫哲族深陷统治阶级掌控的陷阱之中，逐渐成为统治阶级任意宰割的鱼肉。

（二）哈拉莫昆的职能

俗话说，没有规矩不成方圆。“哈拉莫昆”内部有许多不成文的法规，如同其他民族的族规和家规一样，维系和规范氏族组织的存在，使得氏族全体成员成为一个统一的整体。

氏族内部发生的一切大事小情，均由“哈拉莫昆”内部解决，如果事情重大，情节复杂和严重时，也可邀请其他“哈拉莫昆”的成员参加，非到万不可解的时候，绝不诉诸官府。“其一姓一乡有长，有不法不平诸事，则投姓长、乡长集干证公议处置。其法杀人者死。余则视事之大小，定布帛服物之多寡，令理屈者出之，名曰‘纳威勒’，至

十头为止。小事纳一头、二头，大事则纳十头，约值银数两至百两以内，公议云然，两造心服。姓长、乡长始以杖叩地，遂成铁案。否则再议，有至数日、数月不决者。”① 一般事件如此，对外征战和人命案件也不例外。赫哲族这种简单的组织结构，是由其所处的社会条件决定的，是一种特有的、自然形成的社会组织。

历史上，赫哲族男婚女嫁都必须取得“哈拉莫昆达”的同意，如果“哈拉莫昆达”反对，即使成了亲事，在“哈拉莫昆达”眼里也被看成是“另类”，会遭到冷遇。年老的长辈人去世后，本“哈拉莫昆”的晚辈人得知消息时，即使在外地也必须赶回本村落参加葬礼，如果不返回或逾期返回，“哈拉莫昆达”可依据氏族法规责打当事人 15～20 板子，作为对他不尊敬长辈人的惩处。

“哈拉莫昆达”执行“哈拉莫昆”成员议事大会的职能范围很广，不仅管理本氏族内部发生的事情，而且在不同“哈拉莫昆”成员之间，如发生事端或纠纷时，可由双方“哈拉莫昆达”出面，根据各自“哈拉莫昆”成员议事大会的决议或代表的意见，共同协商解决。“哈拉莫昆”内部成员都是平等的，“哈拉莫昆达”也没有特殊权利。

大约在 19 世纪前期，随着渔猎经济的发展，居住在松花江中游的赫哲族的哈达莫昆组织结构在生产关系上开始松动，氏族的生产联合体逐渐形成。最初，在赫哲族居住的村落里，几户平日关系和善的人家互助联合，各出生产工具，共同下江捕鱼、进山狩猎，这种自发的渔猎生产组织经过长时间的磨合，逐步固定下来，但这种联合绝不是建立在氏族组织基础之上的。很显然，这部分赫哲族的氏族组织结构趋于瓦解，商品货币关系也随之进入了赫哲族地区，进而也带来了劳动分配上的差异。在赫哲族内部，少数人通过占有枪、马、渔具等生

① （清）曹廷杰．西伯利东偏纪要．沈阳：辽海书社，清光绪十一年（1885 年）刻本：33.

产资料而成为富有者，开始对本民族的贫苦渔猎民进行剥削。他们通过开垦土地并出租给汉族农民或雇工经营，实现对汉族贫困农民的剥削，赫哲族地区进入了阶级社会，加速了赫哲族氏族组织的全面瓦解，即使在少数村落中仍有氏族组织的残余存在，也只是躯壳而已。

二、唐王朝对赫哲族的管辖

赫哲族是中华民族大家庭的一员，其历史是中华民族史诗中的重要一页。当赫哲族进入唐王朝统治时期，随着朝政牢固和经济发展，统治阶层征服边疆地区少数民族的能力增强，朝廷多次出兵，屡派使臣，宣谕诸民族，为使其内服中原，采取了许多治理措施。

（一）笼络上层，治理边陲

唐武德初年，统治者对东北边疆各族的头面人物和富商采取笼络手段，征服人心，对恭敬皇朝并经常到中原朝贡者，皇帝都亲自接待，还授予官爵。比如粟末靺鞨的酋师突地稽早在隋朝时，隋炀帝就将其封为金紫光禄大夫，又称右光禄大夫、辽西太守和夫余侯。到唐武德初年时，唐王朝延续了隋朝的承诺，在其部落设置燕州后，将他封为总管。

唐开元元年，唐朝在粟末地区（今黑龙江省宁安市东京城所在地）设置忽汗州，授粟末靺鞨首领大祚荣为忽汗州都督，封其为渤海郡王。其管辖地区有松花江、乌苏里江、绥芬河等流域，东至大海[①]。

封建王朝对北方少数民族头领采取的笼络封官政策不仅解决了对边疆地区管理上的困难，还孤立了不顺从当朝的上层人物，加速了赫哲族上层人物的分化，许多少数民族头领争先恐后向朝廷表示忠心，积极为朝廷纳贡，坚定不移地落实朝廷指令。开元十年（722年），黑

---

① 《赫哲族简史》编写组．赫哲族简史．北京：民族出版社，2009：57.

水靺鞨的首领倪属利稽到长安朝贡，唐玄宗封其为勃利州刺史，州治所在地为乌苏里江口的伯力（今俄罗斯境内的哈巴罗夫斯克）。开元十八年（730 年）六月戊午，倪属利稽等十人到长安进贡，唐玄宗授倪属利稽为中郎将。开元十九年（731 年）二月癸卯，黑水靺鞨派遣使者朝贡，唐玄宗授其为将军。开元二十五年（737 年）正月甲午，黑水靺鞨的首领九异朝贡，唐玄宗也授他为中郎将，令其治理本土。天宝五年（746 年）三月，黑水靺鞨遣使者至长安，献金银及六十综布、牛黄、人参①。可见，唐王朝与黑水靺鞨的统属关系是十分密切的，当时，北方各少数民族的头领赴京朝贡的使者络绎相连，而朝廷对他们的赏赐、授封也是常有之事。

（二）中央派员对边疆少数民族地区实施监管

封建王朝对边疆少数民族采取封官笼络策略，虽然稳定了局面，但是中原文化与北方少数民族地区的文化差异，以及朝廷与少数民族之间心理上的障碍却很难消除，特别是统治阶层对少数民族的排斥和担忧越加强烈。为此，朝廷在封少数民族首领治理本土的同时又增派官员监管，比如开元十二年（724 年），朝廷应安东都护薛泰的申请，在黑水靺鞨内设置黑水军。开元十四年（726 年），在黑水靺鞨的最大部落设黑水府，仍以其首领为都督、刺史，唐王朝派长史共同管理其地，所谓监领之②。这种建制与唐朝初期授封黑水靺鞨的首领以官爵，治理本土的管辖措施相比，又向中央集权推进了一步。

（三）情感怀柔，征服人心

封建帝王为了实现对边境地区的少数民族长期统治，采取治本措施，即从情感上融合，实现人心顺从，唐王室就以赐姓移名政策征服包括赫哲族在内的各少数民族头领。比如开元十六年（728 年），唐玄宗赐黑水靺鞨都督李姓，名献诚，以云麾将军领黑水经略使，仍隶属

---

①② 《赫哲族简史》编写组．赫哲族简史．北京：民族出版社，2009：58.

于幽州。

唐王朝对东北边疆地区的各民族极为重视，除采取封赏各民族首领为显贵官员治理当地、设置较完备的军政机构行使管辖权以外，还经常派遣使臣前往东北边疆少数民族地区视察、宣谕，使黑水靺鞨各族诚服中原王朝。唐朝派往黑水靺鞨的宣谕使臣从西安出发至北京后，并不从辽西直道前进，而是转向山东由登州航海，到旅顺口停船登陆。据《赫哲族简史》记载：开元二年（714 年），唐朝派鸿胪卿崔忻往靺鞨宣谕，便由此路线，经过旅顺的黄金山下，掘井立碑，题名作纪念。碑上刻有“持节宣劳靺鞨使鸿胪卿崔忻井两口永为纪念”，最末刻有凿井时间“开元二年五月十八日”① 等字样。这一事件充分证明唐朝派遣使者对东北边疆少数民族地区行使管辖权的史实。

作为黑水靺鞨一部分的赫哲族先世首领，曾经多次进京向朝廷纳贡，很受朝廷关注，受封为当地官吏。朝廷采取的亲善怀柔政策不仅使其统属地位得到巩固与加强，而且促进了不同民族文化之间的交流，带动了少数民族地区的文化和生产的发展，表明当时统治者具有开明进步的一面。

三、元朝狗站的设置和屯田制

元朝时期，统治者为了巩固已取得的政权和防范外敌入侵，把内地与遥远的边疆地区紧密地联系起来。朝廷根据北方边疆地处极寒，积雪时间长的自然地理条件和少数民族善于使用狗拉爬犁这一交通工具，从松花江下游到黑龙江出海口的广阔地域设置了许多狗站，作为传递信息与交通运输的枢纽，实际上也是一种管理机构。《辍耕录》中曾有记载：狗站，在高丽以北，名称“别十八”，译成汉语就是“五国

---

① 《赫哲族简史》编写．赫哲族简史．民族出版社，2009：58.

城”。当时，朝廷对犯罪之人有流放处之的规定，而流放于奴儿干地方必经五国城。这个地方气候最冷，海水也结冰，自八月即封冻，到次年的四五月方可解冻，人在冰上行走，如同走在平地上。征东行中书省每年委派官吏到奴儿干，给流放犯人发放囚粮时，用狗拉雪橇（赫哲语“拖日气”）做运输工具，在当时也是唯一的交通运输工具。每个雪橇套四只狗，在冰雪路面上跑起来时，急驰如飞。让雪橇停止时，赶雪橇的人用“楞力”（赫哲语意为指挥棍）交叉拄地，即可刹住雪橇。

狗拉雪橇雕塑　（图片提供：CFP）

元朝在东北地区设置的狗站数量及每个狗站的编制配备，都是根据传递信息的繁减而定。《元经世大典》的狗站条中，有较详细记载：“元贞元年（1295 年）六月九日丞相完泽奏哈尔滨（芬）地界，旧立狗站有十二所，前者当站粮食出于百姓，然其地不事耕稼，数年以来，站狗多死，至站无以交换，又赴前站，转致损乏。站户苦之，每户乞赈钞十定。闻其俗用青珠，宜相兼与之。奉旨准奏。”[①] 狗站受灾，元朝及时赈济。由此可见，元朝对狗站的作用是很重视的，当时狗站不仅仅是朝廷指令传输的交通驿站，也是对地方统治的基层组织机构，而站户绝大部分是赫哲族和费雅喀族的先世。

北方少数民族地区天气严寒、积温低，不适于农作物生长，所以，仅以渔猎物品饲养大批量的狗，夏季还可以维持，到了严寒冬季，狗饲料供给严重不足，大量的狗无食可进，饥饿而死。据史料载：“辽阳等处行中书省所辖……狗站一十五处，元设站户三百，狗三千只，后除绝亡倒死外，实在站户二百八十九，狗二百一十八只。”[②] 从这个数字对比看，差距如此悬殊。先前每个站户平均有 10 条左右，后来多数饿死，每户平均有狗不到 1 条。所以维持传递信息的差役和维护边疆地区稳定成为朝廷的大事、难事。无奈之下，朝廷只好减少狗站设置，减少编制数量，加大中央的支持力度。

元朝末期民族矛盾与阶级矛盾交织在一起，而且日趋尖锐化。这种矛盾在东北边疆地区主要表现在满族、赫哲族以及蒙古族下级官兵对元朝上层集团的不满，“亲军中的亲军”与当朝的“汗”等王公贵族统治者之间的相互争斗。朝廷控制动荡的社会，只依靠信息传输的驿站已经不能解决问题，在这种情况下，蒙古族的统治者为了缓和社会矛盾，巩固统治政权，便在对军民和百姓管理上做文章，一方面加重外族与本民族底层群众的各种徭役，防止其反抗统治；另一方面，采取了军屯与民屯集中合一的屯田办法，即屯田制度。屯田制度的设立，将各族群众束缚在赖以生存的土地上，并限定在一定的范围之内，这样对统治者来说更便于掌控局面，防止群众举事。

---

① （元）苏天爵．元文类（卷四十一）驿传．清光绪十五年（1889 年）修德堂刊本：76.

② （明）宋濂等．元史（卷一百一）兵四·站赤·赤第四十九．中华书局，1976：2592.

四、明朝“都司卫所”机构的建立

1368 年朱元璋的起义队伍推翻了元朝，取而代之的是明朝统治。明朝经过 30 多年的征战，统治势力逐步强大，疆土从中原扩张到东北边疆。为了戍守边疆，巩固统治，朝廷多次派兵征服北方边疆少数民族地区，规模最大时，兵力多达 10 万、大型战船达 50 多艘。在对东北边疆地区各族镇抚的基础上，还分期分批地在北方边境少数民族地区，建立起都司、卫、所等军政合一的统治机构，行使管辖权。

明朝之初，朝廷考虑到赫哲族、满族、鄂伦春族等民族地区人口稀少，先行设置了千户所、地面、站、寨等基层组织机构。这一情况表明，明朝统治者吸纳了元朝对地方管理的积极元素，也反映出明朝统治者对北方边疆地区治理的高度重视。

明洪武二十一年（1388 年），明朝于开原设三万卫[①]。第二年，撤销了所的建制，强化了千户所和卫的机构，并派员招抚少数民族地区的首领。明永乐元年（1403 年），朝廷派遣行人邢枢和知县张斌以及曾任辽东三万卫左所正千户的女真人王平等人前往黑龙江流域的奴儿干所属各部落，招抚头目并下达给朝廷纳贡的指令，在朝廷强大政治经济压力下，东北边疆地区各部落全部归服了明朝。

明朝中央在北方边疆地区建立的都司和卫、所机构，不断强化对北方边疆地区的统治，符合了少数民族首领的意愿。少数民族首领看到明朝兵强马壮，抵抗无异于以卵击石，不如归顺，求得和平稳定的生存环境，所以各少数民族头领纷纷向朝廷表现忠心。据资料记载，明永乐元年五月，北方边疆地区 29 个头目主动赴朝廷纳贡，表示对朝廷的顺服和对皇帝的忠心。朝廷顺势采取怀柔政策，封官赐银，调动

---

① ［日］稻叶君山著．杨成能译．满族发达史．全国图书馆文献缩微中心，2006：110.

他们治理地方的积极性。比如在黑龙江下游地区的头人，多由忽刺温等处的女真人头目充当。当时忽刺温地域极为辽阔，物产丰富。女真头目与明朝的关系极为密切，担当起守关治民的重任，深得朝廷宠爱。明永乐元年十二月，忽刺温等处的女真头目西阳哈等到明朝都府给朝廷献上130匹贡马，朝廷颇为欢心，于是朝廷封官，任命西阳哈为指挥使，锁失哈为指挥同知，吉里纳等六人为指挥佥事，其他人均为镇抚等官，这些大大小小的头领用普通渔猎百姓的汗水，换得了他们个人和家庭的利益。

五、清朝编户编旗制

赫哲族在清朝初期（包括后金）分属于呼尔哈（或瑚尔哈、胡尔哈）部、窝集（或渥集）部、瓦尔喀部、使犬部、萨哈连部，是女真族的一支。清朝统治者为使赫哲族归顺朝廷为其所用，采取了高度集权的编户编旗制。

赫哲族不屈服于清朝统治者兼并和征服，坚持与清王朝进行斗争。他们往往在清军撤兵后，又起而反抗，所以赫哲族被征服的过程也是赫哲族人民反抗清朝统治者的过程。

清政府在建立后金之后直至顺治元年（1644年）定都北京的近半个世纪的历程中，通过兼并战争统一了黑龙江流域各部落，对巩固东北边疆，形成统一局面，促进各民族之间经济文化交流起到了积极作用。但是，清朝统治者对包括赫哲族在内的北方少数民族的征服主要采取武力手段。据资料显示，在清朝建都后的50年间，朝廷先后派兵17次，兵力达10多万人，每次征战都给赫哲族人民的生命财产造成了很大损失，也遭到赫哲族人民的坚决反抗。

清政府对北方边疆地区少数民族实行残酷镇压的同时，还延续了元、明时期采取的拉拢部落头人的做法，对归附者给予优厚礼遇和物

质奖赐，诱惑各少数民族头领归顺朝廷并为其效力。据史料记载：对各部落来降或纳贡的首领设宴款待，赏赐蟒缎、袍服，封官赐爵，各列军功。长四十人率所部来归，命以马百匹及廪饩诸物迎之。是月至，路长授官有差。其众俱给奴仆、牛、马、田、庐、衣服、器具，无室者并给以妻。[①]“天命三年（1618年）十月，闻东海瑚尔哈部长纳喀达，率民百户来降，命二百人迎之。二十日至，上升殿。降众见毕设宴。将举家来归者列一处。有遗业而来欲还者，另立一处。其为首八人，各赐男妇二十口、马十匹、牛十只、冬衣、蟒缎、皮裘、大褂、秋衣、蟒袍、小褂，四季衣服俱备，及房田等物。”[②]

清政府对归顺的少数民族头领采取的恩赐财物和妻仆的措施，是后金统治者安抚呼尔哈人心的重要手段之一。朝廷深知得其人必服其心的道理。所以早在努尔哈赤称汗之前，这种“攻心术”就已经应用。如明万历二十七年（1599年）正月，“东海窝集部内瑚尔哈路二路长王格、张格，率百人来贡土产黑、白、红三色狐皮，黑、白二色貂皮。自此窝集瑚尔哈部内所居之人，岁入贡。其中路长博济哩等六人乞婚，太祖以六大臣之女配之。以抚其心”[③]。清朝政府对北方少数民族采取的怀柔政策产生了放大的效果，既强化了对北方边疆各民族地区的统治，又将中原地区的物资和文化输入到了东北边疆，进一步打开了中原地区通往东北边境地区的大门。

清政府在强化“攻心术”上大做文章，充分利用婚姻媒介，在不同民族间纺织起扯不断的情感纽带，使各部落首领与朝廷形成骨肉难割之情，从而实现对北方边疆地区的牢固统治。所以朝廷对入京娶妻之人，一方面积极物色人选，加快促成婚姻；另一方面朝廷还给陪嫁

---

① 万福麟，张伯英．黑龙江志稿（卷二）大事志，民国二十一年至二十二年（1932年至1933年）铅印本：46～47.

② 清太祖满洲实录：卷五．15～17.

③ 清太祖满洲实录：卷三．2～3.

之物，以表达诚意和支持。

然而，朝廷对众多的赫哲族普通百姓的态度却全然不同，采取编户和编旗两种集中管理制度，强化管控。

清朝的编户制度自顺治初年开始实行。据《赫哲族简史》记载：顺治十年（1653年）沙尔琥达与赫哲族葛依克勒氏族头人库力甘额夫等12人，招抚赫哲族九姓（《康熙会典》载十姓）432户。

康熙十五年（1676年）对赫哲、费雅喀编户，共1029户。

康熙二十九年（1690年）、康熙四十九年（1710年）、康熙五十一年（1712年）三次对费雅喀、鄂伦春、库页编户，共1158户。康熙六十一年（1722年）增编701户。

雍正元年（1723年）至乾隆十五年（1750年）增编340户。

赫哲、费雅喀共编2250户，其中赫哲族1277户、费雅喀973户①。

清朝统治者建立的编户制度，是一种户籍管理制度，通过编户对家庭进行调查，使赫哲族的“家底”完全被统治者所掌握。所以这种编户制度实际上是对北方少数民族进行半军事化管理，便于统治者根据家庭信息制定各种政策。在征战之时，清朝统治者从各编户中征调壮丁，命令赫哲族同胞放下手中的渔猎工具，拿起武器上战场。许多赫哲族同胞为逃避战乱被迫迁徙流离，而那些无法逃脱者被迫开赴前线，战殁疆场，而回归者甚少。

清政府实行的编旗制，是一种征服民心的管理办法，表面上给赫哲族很高礼遇，实际是强化对赫哲族的管控，把赫哲人编入八旗，便纳入统一管辖之下，被编入八旗的赫哲族在利益上微乎其微，而责任重大，尤其是充军打战，冲锋在先，责无旁贷。据资料记载：顺治二年（1645年）清朝统治者征调赫哲族壮丁，为征服山东的明朝残军出

① 《赫哲族简史》编写组．赫哲族简史．北京：民族出版社，2009：116.

力。清剿任务完成之后，皇帝下旨，将壮丁中未出天花的人撤回本部落，驻防于山东，并编为八旗，称“伊彻（新）满洲”[①]。这种作法就是强迫同化赫哲族的手段之一。与此同时，朝廷对赫哲族部落的氏族长、部落长等头人封官赐爵，并允诺他们可世袭其职。得到好处的赫哲族头领便加倍效忠朝廷，强迫渔猎民“披甲”当兵，同时还将他们的眷属分期分批地迁徙到宁古塔，并在“依兰哈拉”（三姓）建立了集中点，设置协领衙门。在集中迁徙军民百姓的同时，清政府给赫哲族头领更大的优惠，将一部分头人迁至沈阳及北京等地，表面上让这些头人去享受都城幸福生活，而实际上是分割少数民族的上层人物，以达到分而治之的目的。

据史料记载，康熙五十三年（1714 年），清政府从三姓地区赫哲族中挑选了“披甲”200 名，编为镶黄、正黄、正白、正红四旗，设世管佐领（世袭佐领），其中镶黄旗由奇讷林赫哲部落努业勒哈赉达堪戴充任世管佐领；正黄旗由德新赫哲部落葛依克勒哈赉达扎哈拉充任世管佐领；正白旗由锡禄林赫哲部落胡什哈里哈赉达额普奇充任世管佐领；正红旗由奇讷林赫哲部落舒穆鲁噶山达崇古喀充任世管佐领[②]。

在此基础上，雍正十年（1732 年），由三姓副都统从赫哲族中挑选甲兵 800 名，增设镶黄、正黄、正白、镶白、正红、镶红、正蓝、镶蓝八旗公中佐领（非世袭佐领）。光绪八年（1882 年），清政府在松花江下游富锦县附近嘎尔当设协领衙门，挑选赫哲族甲兵 400 名，编为一旗，发给钱粮和恩科地。从此，大屯、嘎尔当、苏苏屯的赫哲族在与各民族频繁交往中，文化与习俗逐步融合，增加了生活习俗的共同性，民族间的差异性逐渐减少。

---

① 《赫哲族简史》编写组．赫哲族简史．北京：民族出版社，2009：116.

② （清）李桂林、顾云．吉林通志（卷六十五）职官志．清光绪十七年（1891 年）刻本：21.

到了民国时期，废旗建县，赫哲人被编入当时的社会基层组织“会”、“排”中，不用再披甲当兵。现今饶河县四排赫哲族乡就是根据当年的“排”序而得名。

第二节　原生态文化遗存

赫哲族是我国北方少数民族的一个分支，与北方其他少数民族有许多共同的信仰。在原生态文化背景下，萨满教成为赫哲族重要的文化遗产和精神支柱。

一、萨满驱邪医病保平安

萨满教是我国北方民族共同的文化遗产和精神信仰，它的理论和文化积淀源于起源最早、持续最久远的宗教文化。

萨满被看作是神与人沟通的媒介，通过萨满的形体动作和语言使人和神灵进行交流，为苦难的人们指点迷津、祈福消灾、逢凶化吉、保一方平安。

萨满教是以“万物有灵”为核心信仰的多神崇拜教。在原始渔猎经济时代，宇宙中的风雨雷电等变幻莫测的自然现象为赫哲人的思绪插上了想象的翅膀，启迪了想象能力，使赫哲人在趋吉避凶本能中产生了对神的畏与敬，形成了“万物是天所生”、“万物赖地以长”的思维定式。赫哲人把人世间的一切视为由“神灵”操控，所以他们对“神灵”格外地崇拜和敬仰，逐渐形成了影响心理素质、文化习俗和观念信仰的文化体系。

赫哲族对萨满教的信仰与我国北方满族、锡伯族、鄂温克族、鄂伦春族等其他少数民族对萨满教的信仰有着相似或相通之处，可以说是源于一体，只是在传承过程中出现形式上的一些差异，而更具有本

民族的智慧和特点。

赫哲族萨满　（肖殿昌摄）

（一）萨满分兵三路守安康

赫哲族把萨满分为三种，即祈祷萨满、治病萨满、送魂萨满。

祈祷萨满是通过敬奉的神灵来保佑赫哲人相安无事、百事如意。敬奉的神灵是各种神的物化偶像，也可以把它理解为神的化身物。

治病和送魂的萨满是用来驱邪的，主要是撵走病魔，招回灵魂，使病人尽快摆脱病魔的控制，身心安康。

赫哲族信奉的萨满，物化偶像比较多。据赫哲族老年人介绍，大体上有50多种，其中赫哲族家庭中经常供奉的、有代表性的主要有以下几种：

1. “布克春”神偶。赫哲人称“布克春”或“布库楚思”，是萨满保护神之一。它是用木或铜等金属制成的人体图形，头部呈菱形状，颈部系一根线。这种神偶是赫哲族家中的必备之物，如果家中有人患病请萨满跳神时，把这个神偶请出来挂在萨满的脖子上，就会与神灵沟通。

2.“萨日卡”神偶。赫哲族中也有人称其为“萨拉卡”的。“萨日卡”也是用木或铁皮制成的人体图形，头部呈菱形，头顶有孔，两腿分开。“萨日卡”是赫哲族家庭必备的神偶。神偶头顶的孔是萨满跳神时用来穿线挂脖子上用的，这个神偶的作用是请神灵在病人身上现身附体，驱走病魔。

3.“额其和”神偶。在赫哲语中也有称“额奇和”、“俄其和”的。是用金属或木板制作的双体孪生人形。头部呈菱形状，头顶留孔用来穿线，萨满跳神挂在胸前。“额其和”是萨满的保护神，也是传令调兵之神和专门驱逐兽类的神。萨满在医治病患与缠在病人身上的鬼怪斗法时，“额其和”便能变成虎熊等猛兽参与跟鬼怪搏斗，为萨满取胜助一臂之力，最终战胜伏在病患身上的妖魔鬼怪。

赫哲族神偶　（肖殿昌摄）

4.博尔布克神偶。赫哲族也有称其为“波儿布肯”的，是赫哲族萨满辅助神。这个神偶是专为萨满在作法时带路的，在汉语中可理解为“向导”的意思。博尔布克神偶是木制的，形状似人体，头部呈菱形，有的头戴斗笠，并有羽光装饰物，耀眼夺目。萨满在跳神时与鬼神交手，往往会掉入鬼神布下的陷阱，或陷入迷宫，这时“博尔布克”会及时引路，使萨满破解迷阵、杀出重围，战胜妖魔鬼怪。

（二）萨满化险为夷显神威

赫哲族信奉萨满的忠诚度来源于萨满能够帮助百姓驱邪治病，保人畜平安。

赫哲族认为能够治病的萨满有很多，其中最为常见的有：刺猬神偶。它形状如同刺猬，一般用木制，是婴儿的保护神。赫哲人认为，孩子生下来就有“魂鸟”（赫哲语称“哈您初坎”），“初坎”为“麻雀”，刺猬由于体外有刺能够抵御各种鬼神对婴儿的侵害，是保护婴儿灵魂，使其健康成长最好的保护神。所以赫哲族妇女生孩子的时候，在产房中要供上“刺猬神偶”，为新生儿保驾护航，安全成长。

娘娘神偶。用于治病的萨满根据病的种类，把娘娘神偶分成“瘟病娘娘”、“天花娘娘”、“黄病娘娘”、“水痘娘娘”等若干神偶，各以一根旗杆代表，在旗杆上系上不同颜色的布条加以区别，类似现代医院中的科室标志。

娘娘神偶为半身的女神像，头比较大，眼目突出，鼻子俏长，乳房浑圆，双臂抱于胸前，双手交错叉开，显示出女性的博大胸怀和慈祥之爱。娘娘神偶一般用铜铸成或木刻而成，平时放在屋子里的阴暗处，用来驱邪避灾，保佑家人健康平安。

送神萨满主要供奉鹰神偶。赫哲语称“阔力”，一般用木制，形状如鹰，是送死人灵魂的神。赫哲人认为，人死后送到阴间，但灵魂还能回来，从阴间回阳，要靠“阔力”做向导。所以在赫哲族“伊玛堪”中时常出现“阔力”，她的人身形体犹如年轻美貌的“德都”（赫哲语为“姑娘”的意思），法力无边，与年轻有为的“莫日根”（赫哲语为“英雄”）相恋，时而化作神鹰，帮助“莫日根”战败妖魔，摆脱困境，使甜蜜的爱情如愿。

（三）萨满教的兴衰

萨满教是原生态背景下的一种世界性的历史文化现象。她是以东北亚地区通古斯人为核心创造的原生态文化。这种文化感染力极强，她的文化元素波及北欧、北美诸多民族，在我国北方的少数民族大多都信仰萨满教。

萨满教是在什么时候传入赫哲族的已经无法考证，但赫哲族对萨满文化的追求与渴望程度是文字难以表述的。比如从前赫哲族家中普遍供奉的天（树）神“飞尤和”及其附属神都是保护神。每当遇到大的挫折化险为夷，家里人得了重病，死而复生，或是捕鱼出围喜获丰收，赫哲人都认为是天神的保佑赐福，所以都要许愿祭祀天神。祭祀的时间、地点和邀请嘉宾都由许愿的人自主决定，然后通知亲朋好友，一般情况都是邀请全村屯人参加陪祭，但是妇女一律不准参加。

祭祀活动的当日，在日上三竿之时，主祭人与来宾集聚在神树前，摆放好牛、羊、猪、鸡等供品，先由萨满祝告迎神（类似现代社会大型活动领导人致辞），然后献供品，燃点香草，主人和陪祭来宾向天神举大礼，跪拜叩头，这个程序要重复三次。赫哲人对萨满的敬重、信仰是一种凝聚的文化力，一个普通渔猎民能呼唤全村老少，能举办规模之广、声势之大的祭祀活动不是个人的魅力，而是站在他身后的、看不见的力量——萨满的文化力。

据赫哲族老人回忆，跳鹿神是赫哲族传统的祈祷和庆祝活动，是萨满接天连地，沟通神灵，保护人畜平安的力量呼唤。赫哲族跳鹿神庆典每年举办两次，春季在二三月份，秋季在八九月份，一般是一个村子或几个村子联合举行，规模之大、声势之大可与“乌日贡”大会相比。

跳鹿神的当天早晨，主持当日活动的萨满在家中将神具从箱中取出供在西炕上，在神位前烧香、敬酒，然后萨满坐南炕上向神灵祷告，自述本人所领的神和使用的神具，告之今天为哪个村百姓消灾祈福，恳求各路神灵鼎力相助。祷告结束以后，由村中5～7个男孩，每人在

屋子里走三圈，击鼓、摆腰铃助兴，完后萨满着装，胸前背后佩上护心镜，胸前配戴神偶，有人为神镜喷酒，准备工作就绪后，萨满坐在炕沿拿着神鼓再次祷告，之后下炕向门口方向跳神，由右向左转三圈，跳出家门，带领全体队伍出发。

跳鹿神 （肖殿昌摄）

跳鹿神的队伍十分庞大，最前面是前导队。前导队 1～3 排的人手持各种神偶，第 4 排的人手持神刀，第 5 排的人击鼓，其后是萨满。在萨满之后的是民众队伍。整个队伍边走边唱，唱跳结合，队伍先向西行，从村子最西头开始逐家跳神。神队每到一家，将“爱米”神偶供在炕桌下，“神鹰”神偶供在桌上，神刀插在西炕前的地上，刀头朝下，刃口向外，燃焚香草，拿一杯酒，向爱米口中倒几滴，把神鹰的嘴浸入酒杯中蘸上酒。然后，萨满进入院中走到正门外开始跳神，跳进西屋继续跳三圈。主人给萨满敬酒，请萨满先饮一杯，主人自饮一杯，然后再敬萨满一杯。这家的活动便进行完毕，神队整队而出，再进下一家。如此，完成全屯各家各户。

跳鹿神活动的时间根据村屯规模而定，如果在大村屯或几个村联合举办，时间不允许逐户登门，便在活动之前按 5～15 的奇数选好对象，排定顺序，原则上有病的人家和生孩子尚未满月的人家暂不入门。

跳完最后一家，萨满带领大队人马返回自家院中，先到有柱脚的地方用脚跺几下，意思是夯实基础；然后，再次重复清晨离家前的程序，摆上许愿人送来的各种供品，举行答谢诸神的仪式，敬酒祷告，请各神还归本位。

最后萨满带众人跳柳条圈，把众人带入神灵保护之地，从此灾病不及，永保平安。之后，萨满脱掉神服，双手捧着天神恩赐的猪心、猪舌发给众人，每人摘一小块分吃，表明本人接收到了上天的恩典，会得到天神的保佑。至此，跳鹿神活动全部结束。

新中国成立后，特别是改革开放以来，现代文化像强劲的东风吹遍了三江流域，赫哲族年轻一代崇尚科学发展，他们相信命运掌握在自己手中，原生态的萨满文化已成为历史。一个创造赫哲族现代文化的大潮滚滚而来，智慧的赫哲族人将原生态的萨满文化引进了展览馆的橱窗里，要领略鲜活的萨满文化，在节假日和民族风俗文化园中都有机会见到。现如今，昔日的萨满文化已经注入了时代的新元素，凝聚了赫哲族人对新生活的期待与向往。

历史就是这样无情，她总是让新生的、鲜活的文化登上舞台，让那些退役的文化去休息。如此循环，今天你鲜活，明天又有鲜活的东西取而代之，这就是文化的魅力、文化的力量。

二、文化艺术传承

赫哲族的文化艺术是在原生态环境下创造的，大多反映渔猎生活和爱情故事，具有古朴、神秘等特点，而且依靠口头传承至今，彰显了原生态民族文化的强劲生命力。

（一）历法以物件计时

赫哲族只有语言，没有文字。早年以削木、裂革、插草来计时、

记事，他们曾经使用大马哈鱼头来纪年。赫哲人出于记月、记日的生活需要，发明了比较原始的木日历，利用木片拨位计时。

赫哲族较为完备的日历，是用树枝做成一个圆形代表月亮，在圆圈内横拉两道绳子，上边有12根长木条代表月份，下边有30根短木条代表日子。每天拨根短木条子，拨完30个短木条为一个月，然后拨掉1根代表月份的长木条，表示1个月过去。

赫哲族曾使用的日历　（图片提供：CFP）

在记年、记月和计时的基础上，赫哲人把一年细化为春季、夏季、秋季和冬季4个季节，故有“气候草木而定四时”之说。四季转换大多以自然界变化特点来判断，比如春季以阳坡积雪融化为标志，当朝阳的山坡积雪开始融化了，达紫香花开时，就知道春天来了；夏季以树木封门、雀鸟齐全为特征，当房前屋后的树木放叶，遮挡阳光，满山遍野鸟鸣蛙叫时，表明进入了夏季；秋季以草木变黄为标志，当大地一片金黄，风扫落叶时，表明秋天来临；而冬季则以江河封冻为信号，每当江河边开始沾冰，冰面逐渐向江河中心延伸之时，表明漫长的冬季悄悄降临。

在日常生活中，赫哲人习惯用“上午、晌午、下午、北斗星、大毛朗星及一袋烟工夫”等语言来表示具体时间。预测天气则以月亮圆缺和天空中的云层厚薄进行判断。

(二) 语言逐渐弱化的原始功能

赫哲族的语言属于阿尔泰语系，满一通古斯语族满语支，分“奇楞”和“赫真”两大方言。从语言产生的渊源看，赫哲族的语言是从渔猎生产、社会生活及宗教祭祀等传统文化活动中逐步积累形成的，同时也吸收了其他民族的语词语汇，进而形成了独具特色的语言体系。

赫哲语一直是语言学家和社会学者研究的课题。从研究的成果看，由于研究者的视角不同和研究者本人对语言的了解程度有高有低，自然得出的结论也存在差异。据 1934 年凌纯声先生所著《松花江下游的赫哲族》一书，认为赫哲语音系统有 10 个元音、27 个辅音，他收录了 925 个赫哲语单词，并把词汇分为 29 类。即：人物类 75 个、身体类 48 个、民族类 8 个、社会类 15 个、饮食类 27 个、服饰类 53 个、房屋类 31 个、器物类 52 个、渔猎用具类 19 个、其他工具类 17 个、武器类 9 个、交通类 15 个、动物类 107 个、植物类 94 个、矿物类 10 个、天空类 12 个、地面类 16 个、鬼神类 45 个、萨满神具类 18 个、时间（候）类 21 个、方位类 11 个、颜色类 6 个、嗅觉类 2 个、味觉类 5 个、性行类 12 个、数目类 38 个、代名词 21 个、形容词 41 个、动词 97 个。

从以上分类中可以看出，赫哲族使用数量较多的单词是动物类、植物类、人物类、服饰类、器物类、身体类。

1987 年黑龙江省民族研究所出版了《简明赫哲语汉语对照读本》，把以往关于赫哲语的研究提档升级，做了一次全面覆盖。这个对照读本用国际音标拼写了 2651 条赫哲语单词、词组和短句。这比《松花江下游的赫哲族》一书中收集的词语量增加了近 3 倍，而且从词汇分类上进行了合并同类项，赫哲族经常使用的词语是，表示动作和行为的词汇 731 个，表示房屋和用具的词汇 320 个，表示人物和亲属的词汇 202 个，表示性质和状态的词汇 178 个，表示动物的词汇 174 个，表示

植物的词汇140个。

从后面的研究结果看，赫哲族的语言词汇量明显增多。

赫哲人出于捕鱼猎兽的生产需要，逐渐形成以渔猎工具、渔猎对象、渔猎行为及渔猎环境为主体的常用词汇，更多的是着眼于人们日常交流的生活需要，并提炼了大量简洁、适用、通俗易懂的词汇，涉及衣食住行、婚丧嫁娶、宗教祭祀、文化艺术等方面，具有浓厚的生活气息。在与满族、锡伯族、汉族和俄国人的接触中，一些外来语也被赫哲语吸纳，成为民族语言的重要组成部分。

自清末、民国以来，赫哲族随着对外交往半径的扩大，尤其是与汉族混居、往来亲密，加之学校也完全用汉语文进行教育教学，男女老幼都会讲汉语，会讲赫哲族的人越来越少。到20世纪80年代，汉语已成为赫哲人口头或书面交际的主要语言。据赫哲族人口集聚较多的街津口和八岔乡负责人介绍，55岁以上的赫哲人还能用本民族语言进行交流，55岁以下至40岁以上的人只能听懂赫哲语，或能用简单的民族语言对话，而30岁以下的年轻人对本民族语言知之甚少。目前，只有10%的赫哲人会讲本民族语，精通的只占2%～3%。

少数民族地区政府为了保护赫哲族文化遗产和扩大对外开放的需要，各民族乡纷纷在中心校开设了赫哲语课，聘请精通赫哲语的人以汉语拼音、汉字对译等方式自编教材，进行教育教学，收到了一定效果，但由于赫哲语交流的范围有限，人们多在乌日贡大会、各种文艺表演或说唱伊玛堪时，才能听到往日那熟悉的声音。

（三）音乐——令人陶醉的民族好声音

赫哲族是一个热爱音乐的民族，他们以渔猎文化为创作元素，把音乐与本民族的渔猎生产、社会生活结合起来，创造出嫁令阔调、天鹅舞调、伊玛堪调、萨满调等动人心弦的音乐旋律。在四大音乐主调的基础上，聪明善歌的赫哲人又逐步细化创造出赫呢哪调、哭调、悲调、劳动号子调及哄孩子调等，反映生产生活中悲喜哀乐的音乐形式。其中，嫁令阔调是赫哲族音乐的基础，曲调轻柔悠扬，有“简短、通俗、抒情、自然、优美和流畅”的美感，如人们熟悉的《思恋曲》、《想情郎》和《等阿哥》等都属于嫁令阔调。

新中国成立后，赫哲人经常用嫁令阔调来歌唱新生活，赞美共产党，歌颂新社会。其中《乌苏里船歌》就是有代表性的曲调，后被联合国教科文组织选入亚太地区音乐教材，著名作曲家瞿希贤还把它改编为无伴奏合唱曲目。

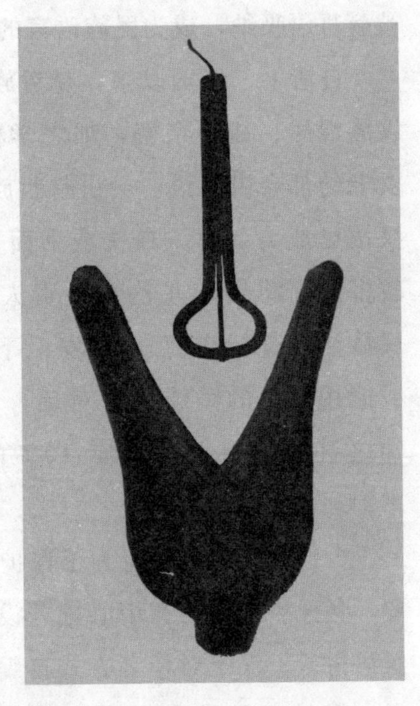
赫哲族的口弦琴　（杜殿文摄）

赫呢哪调是在嫁令阔调的基础上，发展成为具有广泛群众基础的民间小调，多由赫哲族妇女来演唱。伊玛堪调则是赫哲人说唱伊玛堪时经常使用的一种曲调，采取说唱结合的方式，把曲调的搭配与伊玛堪故事结合起来。萨满调乃是萨满在祭祀、送魂、跳鹿神和治病过程中经常使用的曲调，具有宗教的神秘色彩。

赫哲族的音乐体现了“波浪型”和“划动型”的有机统一，以五声音阶，“宫”、“徵”调式最多，“羽”调式次之，“商”、“角”调式较少。音乐节拍多为2/4和4/4，其次为3/4和3/8，曲体则为单乐段结构，乐句长短不规整。

赫哲族经常演奏的乐器分弹奏乐器和打击乐器两种。其中，口弦

琴（赫哲族称之为“空康吉”）是赫哲人唯一的弹奏（拨）乐器，它构造简单，以四棱铁条加工制作，呈三角形。演奏时，可含在口唇之间，用手弹拨，发出嗡嗡的声音，由于音量小，音域不宽，只能弹一些民间小调。随着现代乐器的广泛应用，人们很少弹奏口弦琴了。鼓是赫哲人传统的打击（敲打）乐器，他们所用的鼓多为椭圆形、单面鼓，鼓面、鼓背击之均能发声。赫哲人一般都会打手鼓，因而敲鼓场面甚是热闹。新中国成立以来，手鼓常用于各种喜庆或表演活动中。

吹口弦琴的赫哲族老人　（肖殿昌摄）

音乐是赫哲族走向全国、走向世界的旋律，一曲《乌苏里船歌》让世界人民都知道在大千世界里，还有一个民族叫赫哲族。

祖居黑龙江、乌苏里江和松花江的赫哲族，在漫长的渔猎生产生活中，创造了反映本民族特色的民风民俗和精神风貌的民歌。如《想情郎》、《狩猎的哥哥回来了》、《大顶子山高又高》等优美歌曲，世代传唱、经久不息，激励着一代又一代的赫哲人追求美好幸福新生活。

20个世纪50年代末，黑龙江省著名乡土诗人王吉厚受铁道兵农垦局859农场宣传部的委派，配合中央民族学院几位实习生到四排赫哲族乡搞社会调查。其间，王吉厚听到一首赫哲族古情歌——《想情郎》的曲子，具有音乐天赋的王吉厚喜上眉梢，乐在脸上，记在心里。回到饶河县城，王吉厚便找到中学音乐教师程义芳，俩人一拍即合，根据《想情郎》的曲调填词、谱曲，进行再创造，经过点灯、熬油，一首新歌《狩猎的哥哥回来了》诞生了，1959 年 6 月号的《歌曲》杂志刊发了这首歌曲，并在赫哲族地区越唱越红火。

同时，《乌苏里船歌》也在全国唱响了，唱红了。

这是赫哲族的好声音，是一种真诚的呼唤。相信吧！音乐的力量无比强大。

（四）舞蹈——展示民族的活力

赫哲族不仅能歌，而且善舞。舞蹈是赫哲人生活不可缺少的重要元素。以渔猎生产为原型，赫哲人创作了萨满舞、天鹅舞、叉草球舞、鱼鹰舞和篝火舞等多种舞蹈。

萨满舞是比较古老的舞蹈形式，它形成于萨满跳神治病、送魂及祭祀等“神事”活动中，有“神鼓舞”和“神刀舞”两种。新中国成立后，随着萨满文化日渐淡化，萨满舞也自然被人遗忘，很少有人再跳这种舞蹈。近年来，赫哲族地区打民族牌，搞特色旅游，开始重视对萨满文化的挖掘，以萨满舞为主题，创作了“手鼓舞”和“腰铃舞”等舞蹈节目。《神鼓舞》曾荣获“中华赫哲族第六届乌日贡大会”表演奖。

天鹅舞是赫哲族比较古老的舞蹈形式之一，它以女性婚姻为主题，体现了赫哲姑娘为追求幸福婚姻而宁死不屈，最后投河自尽与家庭和社会旧礼仪抗争的主题，整个舞蹈动作均由女性来表演。近年来，赫哲人以集体舞的形式，编排了现代天鹅舞，借以表现在人与自然和谐相处的环境下，天鹅嬉水、展翅飞翔的场景，表明赫哲族人民憧憬美好生活的强烈愿望。在历次乌日贡大会上，赫哲姑娘们表演的天鹅舞

均受到好评。

赫哲族萨满舞 （图片提供：CFP）

叉草球舞源自于该民族古老的叉鱼活动，有“快步跑叉、跳跃争叉、草球落地蹭叉、翻身旋转快叉”等舞蹈动作，在全国少数民族文艺汇演中，是赫哲族必不可少的“看家”节目。

篝火舞则是萨满舞的一种，它是以萨满跳鹿神为原型编排创作的。新中国成立后，赫哲人时常与外地旅游者欢聚，以集体舞的形式围着篝火，翩翩起舞，并起了一个具有时代气息的名字，叫“欢乐的网滩”。除此之外，赫哲族民间还曾流传一种集体舞，赫哲语称之为“哈康布力”，其舞蹈动作有三步向前一起跳、拉手、拍手、转身等，该舞蹈已经失传。

（五）文学——书写民族辉煌

赫哲族文学包括口头文学和书面创作文学两部分。赫哲族由于没有文字，口头文学的传承承载着历史和未来。赫哲人在渔猎生产、社

会生活及宗教祭祀等实践中，创作了立意深刻、主题鲜明、语言淳朴、通俗易懂的口头文学作品。按类别划分，有伊玛堪、特仑固、说胡力、嫁令阔等。其中，伊玛堪是一种以古代氏族社会为背景，以歌颂勇敢、善良和正义为主题，以口说为主，以唱为辅的口头文学形式，讲述了氏族之间的血亲复仇和部落战争等故事。目前，赫哲人共搜集整理 20 余篇伊玛堪故事。2006 年 5 月 20 日，经国务院批准，伊玛堪被列入第一批国家级非物质文化遗产名录。

赫哲族孩子学唱伊玛堪 （图片提供：同江市文化馆）

“特仑固”作为口头文学形式，篇幅较短，以传说故事为主线，反映了赫哲人对自然、历史、道德和社会的基本看法，对人有教育和启迪作用。

“说胡力”则以讲故事为主，包括渔猎故事、英雄故事、生活故事、动物故事、萨满故事、爱情故事及滑稽故事等，具有数量众多、短小精悍、通俗易懂、思想性强等特点。相比之下，嫁令阔以民歌为

主，包括劳动歌、萨满歌、风俗礼仪歌、情歌、摇篮歌、古歌、悲喜歌等。

新中国成立以来，赫哲人迎来了书面文学创作的春天，并在诗歌、小说等领域创作出大量群众喜爱的文学作品。以乌·白辛为代表的民族作家，创作了《赫哲人的婚礼》、《冰山上的来客》等系列戏剧作品，出版了散文集《从昆仑到喜马拉雅》、短篇小说《捉狍子的季节》和《鱼王带来的风波》等，并以自由体和民歌体两种体裁，创作了系列五言诗和七言诗，如七言长诗《天鹅姑娘》、诗集《我爱赫哲鱼米乡》和《赫哲心声》等。

（六）美术——展示赫哲族五彩缤纷的画卷

赫哲族作为热爱艺术的渔猎民族，把绘画、雕刻等艺术作为对神灵崇拜的表现形式，在生产工具、生活物品和宗教用具上绘制雕刻出各种图案或纹饰，再配以相应的颜色，既美化生活，又展示对神灵的敬仰。一般常见的图案和纹饰有，鱼鳞纹、鱼网纹、水波纹、云朵纹、花草纹、凸弦纹和刻画纹等；用动物做主题的有，鸭子、鹿、鱼、龟、蛇、蜥蜴、蛤蟆和熊等动物图形；用几何图形表现美感的有，三角形、镂空花纹形、曲线形、梅花形、直线形、波浪形和四方形等，把人带进艺术的迷宫，品味有滋有味的民族生活。

雕刻是赫哲族美术艺术创作的主要形式之一。赫哲人为了美化生活，他们在生产工具和生活用品上都雕刻上各种花纹图形，增加器物美感，比如在木铲柄上雕刻三角形或曲线形，在桦皮制品上雕刻各种几何图形，在鼓槌背面雕刻各种动物神形，在各种金属器物上雕刻花纹图形和各种神像，以表示对天地神灵的崇敬。

赫哲先世曾以岩石为底面，创作了一些原始而古老的岩石画。在黑龙江畔的萨卡奇－阿梁村就保留了赫哲族先辈的绘画作品。山壁上画有火光、蛇、太阳、月亮等图形，真实地记录了赫哲先辈对自然的

铜雕壁画：赫哲族老妪在杀生鱼　（肖殿昌摄）

无限崇拜。随着社会的进步和商品经济的萌发，纸张传入赫哲族地区后，赫哲族绘画艺术爱好者多以纸张为材质进行美术创作。同江市街津口乡赫哲族渔民尤永贵是远近闻名的画家，他以衣食住行、宗教仪式、婚葬仪式、节庆、信仰习惯等为主题，创作了百余幅风俗画，生动地再现了赫哲人早年渔猎生活的风貌，为后人研究该民族的文化艺术提供了珍贵资料。饶河县四排乡赫哲族艺人傅占祥，以桦皮为材质创作了大量的桦皮画。其中，《冬钓》、《拖日气》、《织网》等荣获全国文艺作品交流会二等奖，另有 34 幅作品被黑龙江省民族博物馆收藏。

（七）教育——寄托民族希望

新中国成立前，赫哲族地区教育资源匮乏，只有少数上层人物和富裕人家的孩子有条件走进课堂，而广大贫苦的渔猎民的子弟与书本无缘。新中国成立后，各级政府十分重视发展少数民族教育，赫哲族子女兴高采烈地走进了校园。他们享受到优质的教育资源，免费入学，

领取教育补贴，中考和高考有加分待遇，既学汉语言文字，又学习民族语言，一批批青少年考入了中等专业学校和高等学府，成为国家的有用人才，赫哲族地区教育的发展，为实现民族振兴的梦想插上了腾飞的翅膀。

三、欢快的“乌日贡”大会

赫哲民族的文艺汇演名叫“乌日贡大会”。它原是赫哲语，具有歌舞欢庆的意思。如同蒙古族一年一度的“那达慕大会”。

盛夏，江上晨雾消散之际，便是大会开始之时。参加大会的各代表队在乐声中，高举着队旗相继步入会场。男女主播用汉语、赫哲语、中间掺杂少量的俄语，介绍各代表队派出地的经济文化发展情况。开幕式完毕之后，汇演开始，所有能歌善舞的赫哲人都兴高采烈地拥进广场中央，有集体高唱着赫哲族民歌的，也有独唱着最为流行的歌曲的，还有表演“天鹅嬉水”的，那展翅腾飞的舞姿和荡气回肠的歌声，动人魂魄；有的表演赫哲民族揖跪请求萨满神治病的情景，有的表演向天神祈祷祝愿的崇神舞，天真活泼的孩子们聚在一起表演叉草球舞，有的表演一双老渔夫妇相伴江边捕鱼大获丰收的庆丰舞，有的表演鱼鹰舞，展示鱼鹰在江上盘旋，抓捕游鱼的情景，有的表演与黑熊搏斗的斗熊舞……这一切，都反映了赫哲族粗犷豪放的品格和勇敢坚毅的气质。

老歌手和青年歌手，用不同的演唱风格演唱《狩猎的哥哥回来了》：

太阳落山鸟归巢，
月亮高高挂树梢，
狩猎的哥哥咋还没回来？

妹妹我心里似火烧。
风吹雪花满山飘，
爬上东山往西瞧，
狩猎的哥哥咋还没回来？
妹妹我急得直跺脚。
一阵阵歌声传山腰，
猎犬头里来把信报，
狩猎的哥哥回来了，
妹妹我上前接獐狍。

第八届乌日贡大会 （图片提供：同江市文化馆）

这古老的赫哲族狩猎情歌，是那么深沉、激越、嘹亮，听去犹如乌苏里江水在奔流激荡……

群众演出之后，接着登场的是顶杠比赛。两个彪形汉子，手执木

杠在极力角逐，犹如两只犍牛在斗杀，终于，一方倒退输给另一方。接着另一场角逐又开始了……

顶杠比赛 （肖殿昌摄）

之后进行的是叉草球比赛。它不同于在舞台上，只有两个人舞叉，在广场上则是一群人挥叉舞棒。人们嬉笑着，呼啸着，挥舞长叉，人群中，只见草球在空中穿梭般地飞来窜去，仿佛是一条条大哲罗鱼在翻跳踊跃，令人手舞足蹈。小伙子们赛过一场之后，接着便是姑娘们上场，一个个风华正茂的姑娘，手举木叉瞄准着金黄色的草球，挥舞跳跃，好像在江河里追叉游鱼一样欢快。

相传远古时候，赫哲人捕鱼的唯一办法就是用叉叉鱼，办法是在叉柄上拴上绳子，套在手臂上，站在江河或泡沼的边岸，踏着塔头草墩，静观着水里游鱼掀起的水纹，眼明手快，随时将叉抛出，可以将几十斤重的大鱼叉上来。赫哲人就是靠这个本领从远古走来。幼小的孩子，为了练成叉鱼的本事，常用草把代替游鱼互相叉戏，可以连续抛叉几十次至上百次，而草球不坠地。

叉草球比赛　（肖殿昌摄）

给人动感，让人目不转睛的还有游泳和划独木舟。各式各样的游泳姿势与游泳馆中的比赛没什么两样，所不同的是跳水比赛。因为没有跳台，从船上往江水中跳，不讲姿势美，而是看谁在水中憋气时间长，最后露出水面的人，自然是获胜者。

划独木舟是一种独特的水上运动项目。赫哲族人叫独木舟“威虎”。独木舟大都是用椴木凿成，两头尖尖，中间呈棱形椭圆状槽，约有两米多长，只能容一个人端坐在中间，手握着两端带翅状的独柄双桨划水，舟行如箭穿一般。另一种独木舟是用白桦皮制成。无论哪一种独木舟，划行时，人都必须稳坐端正，两肩放平；划桨时，只能挥动双臂，身子不能摇动，万一不慎，即会倾覆翻船。但是赛手们都练就了一手划船的绝技，坐上独木舟之后，就像用钉子镶在船舱里一般，腰板挺得笔直，一动不动，像一个机器轴在有节奏地挥动……

太阳到了正午，便暂停比赛。人们顾不得休息，各自吃过一点干粮，到江边洗洗脸上的汗水，便又回到运动场上。直到太阳偏西，大会宣布告一段落，这时人们还不肯散场。外地赶来的人，三人一伙、五人一帮地直奔“鲜鱼馆”、“铁锅炖”和“农家乐”，饱开口福，吃着、唱着、议论着，兴奋不已。

夜幕降临，人们又集聚在乌苏里江边，开始了传统的篝火晚会。一堆堆柳木柴棒子，燃起了熊熊篝火，照亮了每个人欢快的脸庞，也照亮了波光粼粼的江水。人们手舞足蹈，围着篝火跳起狩猎舞……这时，人们开始用篝火烧烤新捕来的鲤鱼制成的“塔拉哈”，拿出最醇香的美酒，开始了最有兴致江边丰美的夜餐……此时，整个江边，欢笑声、歌声、琴弦声，谱成了一曲夜的大合唱，传统的萨满鼓和口弦琴声在夜空回荡，赫哲族男女老少，随着这快乐的旋律，载歌载舞，直到深夜才相继散去。人们仿佛沉浸在仙境之中，真是其乐无穷……

四、赫哲族文化名人谱

赫哲族是一个渔猎民族，有着悠久灿烂的渔猎文化历史。在历史的长河中，可歌可泣的赫哲文化能够传承至今，离不开那些为之奋斗、锲而不舍、辛勤耕耘的传承人，他们是一代民族文化精英。

——古托力，已故赫哲族伊玛堪歌手。尤姓，嘎尔当人。他有上好的天赋，嗓音好，吐字清楚，被公认为赫哲族的著名伊玛堪歌手。他演唱的《希尔达鲁莫日根》一直被后人传诵。还培养了葛德胜、吴进才、吴连贵等年轻歌手。在他的演唱中，反对日本侵略者，鼓励群众团结抗日是主旋律。为此，他成了日本侵略者的眼中钉，遭到追杀。当他被日本人追赶到一个部落时，不幸染上伤寒病而死，享年只有57岁。古托力没能亲眼看到新中国的成立，但在新中国上空飞扬的歌声中有他为民族解放的呐喊声。

——吴连贵，已故赫哲族著名民间说唱家。1908年生，黑龙江莫勒洪阔人。吴连贵一生曾演唱过《希尔达鲁莫日根》、《木杜里莫日根》、《木竹林莫日根》等多部伊玛堪故事和上百首民歌，演出即兴时还经常拿起箫、笛、提琴等乐器为观众演奏。1979年，他应邀赴京参加了全国少数民族民间诗人、歌手汇报演出。他创作的《走进大会堂》和《白云胡萨》等民歌先后发表在《诗刊》、《民间文学》和《黑龙江日报》副刊上。1980年因病去世，为后人留下6部"伊玛堪"片段、50余篇传说故事、60余首民歌等丰厚的文化遗产，为赫哲族民间口头文学的发展做出了重要贡献。

——葛德胜，已故赫哲族著名民间说唱家。曾任黑龙江省第一届人代会代表、中国民间文艺家协会会员、黑龙江省民间艺术家协会暨赫哲族研究会顾问。1952年，他作为少数民族的优秀代表荣幸地参加了国庆观礼，幸福地见到了伟大领袖毛主席。在国庆盛宴上，敬爱的周总理为他举杯敬酒，合影留念。王震将军到三江平原视察时，热情接见了葛德胜，并赠送给他一支半自动步枪（现收藏在街津口博物馆）。1980年，他参加了中国社会科学院文学研究所、中国民间文艺研究会黑龙江分会组织的民间文学调查组。其间，他讲唱了《香叟莫日根》和《满斗莫日根》等7部作品。1984年，中国民间文艺研究会黑龙江分会授予他"民间说唱家"称号。他演唱的《满斗莫日根》，荣获1979～1981年全国民间文学作品三等奖，《香叟莫日根》和《阿哥弟莫日根》荣获黑龙江省优秀民间文学作品奖。

——尤连仲，赫哲族民间工艺家。1919年出生于富克锦的嘎尔当。尤连仲心灵手巧，勤奋努力。他以桦皮、树木或鹿腿骨等为材质，设计制作了木碗、木盆、桦皮帽、针线盒、骨筷等生产、生活用品，具有技艺精湛、设计独特、做工考究等特点，受到社会各界的广泛关注。改革开放30多年来，他亲手制作上千件手工艺品，先后在黑龙江省民

族博物馆、北京民族博物馆、北京民族文化宫等地展出。尤连仲的工艺品乘上“乌苏里船歌”，远涉重洋到日本、加拿大等国家展览，给人留下深刻印象，并签约预订成品。1984 年，黑龙江省民族研究所和佳木斯市电视台联合拍摄了文学专题片《原始文化的传承人——尤连仲》。他把原生态的艺术添加上现代信息元素，增强了原生态文化的生命力，使赫哲族文化重放光彩。

尤连仲老人正在制作桦皮工艺品　（图片提供：CFP）

——乌·白辛，已故赫哲族戏剧家。祖籍乌苏里江支流毕拉河畔的红石砬子村。他年轻时投身革命，以创作、演出等形式积极宣传抗日和民族解放运动。新中国成立后，乌·白辛奋笔疾书，创作出优秀的文艺作品，被中央军委授予“工作模范奖章”、“艰苦奋斗奖”及“中华人民共和国解放三级勋章”。他生命虽短，但成果丰厚，先后改编创作了 20 多部歌剧、话剧和电影文学剧本，如《冰山上的来客》、

《赫哲人的婚礼》、《好班长》、《焦裕禄》、《黄继光》、《雷锋》等。其中，《赫哲人的婚礼》是赫哲族新文学的代表作，也是中国当代文学史上第一部由赫哲族戏剧家撰写的反映我国人口稀少民族生活和历史的剧本，并成功地把伊玛堪的演唱形式运用于话剧创作，丰富了我国当代戏剧的题材内容，对话剧的民族化作了有益探索。

尤金良老人 （图片提供：CFP）

——尤金良，已故赫哲族作家。中国民间文艺家协会会员，同江市街津口人。1963～1965 年，先后出席“五一”和“国庆”观礼，受到周恩来等党和国家领导人的亲切接见，并合影留念。新疆维吾尔自治区成立 10 周年时，他作为少数民族优秀代表，随以贺龙为首的中央代表团前往慰问。1978 年，他参加了全国五届人大讨论修改宪法草案。好学笔勤，为他成为赫哲族作家助力，先后在文学刊物上发表作品几十篇，出版了《我爱赫哲鱼米乡》、《赫哲心声》及《赫哲族拾珍》等书籍，约 45 万字。1993 年退休后，他开始从事依玛堪说唱工作，成为群众喜爱的伊玛堪歌手。尤金良的一生是幸福的一生，从渔船、网滩走进京城，登上天安门城楼的观礼台，受到党和国家领导人的亲切

接见，有机会表达赫哲族人民的诉求，这是汗水和辛劳的报答，是坚定进取的收获。他虽然离世而去，但生命之光却永远闪亮。

——吴明新，国家级伊玛堪传承人。从小在父亲吴连贵耳濡目染下，掌握了伊玛堪的演唱技巧，并能用赫哲语原汁原味地演唱。吴明新思维敏捷，与时俱进，他运用社会知名度，把文化传承做成文化产业，在佳木斯市成立了《伊玛堪》传习所，挂牌招收赫哲族青少年做学员，教唱伊玛堪，同时传授赫哲语。他结合原生态文化对渔猎工具、鱼皮衣饰、生活用品等进行整理复制，目前已整理、复制百余件，积累了赫哲族文化产品。吴明新实现了自己的人生价值，他对赫哲文化的抢救式挖掘整理，对赫哲族原生态文化传承所付出的努力，得到了社会的尊重。

——齐艳华，赫哲族女舞蹈家。1953 年生，同江市街津口人，曾任全国青联委员、黑龙江省舞蹈家协会会员。学术代表作有《论赫哲族舞蹈艺术》，曾编导出演《草球恋》、《冬钓》、《桦皮高帽舞》、《苏尔巴奇》、《蒲棒舞》等 30 多个舞蹈作品，多次在国家、省、市举办的大赛中获奖；参加了全国民族之花展演团的巡回演出，赴西沙慰问海军官兵，并代表慰问团发表热情洋溢的讲话。1993 年，参加了中央电视台春节文艺晚会演出。1994～1997 年，应邀赴日本、俄罗斯演出。她轻盈的舞姿像鱼儿游在水中，像云雀穿越蓝天。她用优美的肢体语言讲述赫哲族的历史和对美好生活的追求。她是爱的使者，把赫哲族大爱无疆的胸怀传播五湖四海。

——傅占祥，第一批国家级非物质文化遗产项目桦树皮制作技艺代表性传承人。饶河县四排赫哲族乡文化站长、世界华人书画艺术家联合会会员、双鸭山市美术家协会理事。在挖掘、整理桦皮传统工艺的基础上，重点研磨桦皮画，目前已创作 300 多幅。主要体现赫哲族的风俗习惯和渔猎生活，为弘扬民族文化做出了贡献。其中，桦皮画已被收入世界民俗工艺网，《冬钓》、《拖日气》、《织网》等获全国文艺作品交流会二等奖，另有 34 幅画被黑龙江省民族博物馆收藏。用桦皮、鱼皮等为材质创作的作品，已成为饶河特色旅游纪念品中的精品。

——于秋颖，赫哲族著名女歌手，中国音乐家协会和中国少数民族音乐协会会员，中国人民解放军第二炮兵政治部歌舞团独唱演员。1992 年参加了在昆明举办的第三届中国“艺术节”，演唱了歌曲《冰雪渔歌》。之后，参加了在香港举办的亚洲“艺术节”，演唱了《狩猎的哥哥回来了》和《绿色的山，蓝色的水》等歌曲。1995 年，中国唱片总公司出版了她的个人演唱专辑《献上赫哲姑娘一片心》。1997 年，参加了中央电视台“迎香港回归”电视晚会，演唱了新作《永远是中国人》。2000 年，中央电视台为她拍摄了 MTV《喜团圆》。近年来，她多次参加由中央电视台举办的各类大型演唱活动。她用甜美的歌声诉说赫哲族苦难的过去和现今美好的生活，她用跳动的音符为赫哲族走向世界架桥、铺路，她是赫哲族的骄傲。

——韩庚，中国流行著名歌手。曾经是 Super Junior 唯一的中国成员和 Super Junior-M 的队长，韩庚的舞蹈众所周知，尤其擅长少数民族传统舞蹈。韩庚也是 2008 年北京奥运会的火炬手。1996 年，年仅 12 岁的韩庚只身前往北京，就读中央民族大学，专攻民族舞蹈，还学习了芭蕾、武术等。其间，多次随团到美国、俄罗斯及我国的香港、澳门、台湾地区演出。1999 年，代表赫哲族少数民族青少年参加了新中国成立 50 周年国庆阅兵仪式。他是赫哲族新生代的典型代表，也是赫哲族冉冉升起的一颗文化新星。

第三节　一方水土养一方人

赫哲族是一个渔船上的民族，世世代代生活在山水相依的人间仙境，夏渔冬猎，以“上山能撑虎，下江能捕鳇”为傲。一方水土养一

方人。赫哲人用特有的衣食住行方式，顽强地繁衍生息，将民族文化传承至今。

一、鱼皮兽皮遮身挡体

服饰是一种文化，是不同民族相互区别的符号。鱼皮服装是赫哲族的民族符号，说起鱼皮做的衣服，大家首先会想到赫哲族。历史上穿鱼皮服装的不只是赫哲族，在西伯利亚、日本北海道等地也有穿鱼皮服装的民族。但至今仍能制作和着装鱼皮服装的只有赫哲族。赫哲族不愧为鱼皮服饰文化的掌门人。

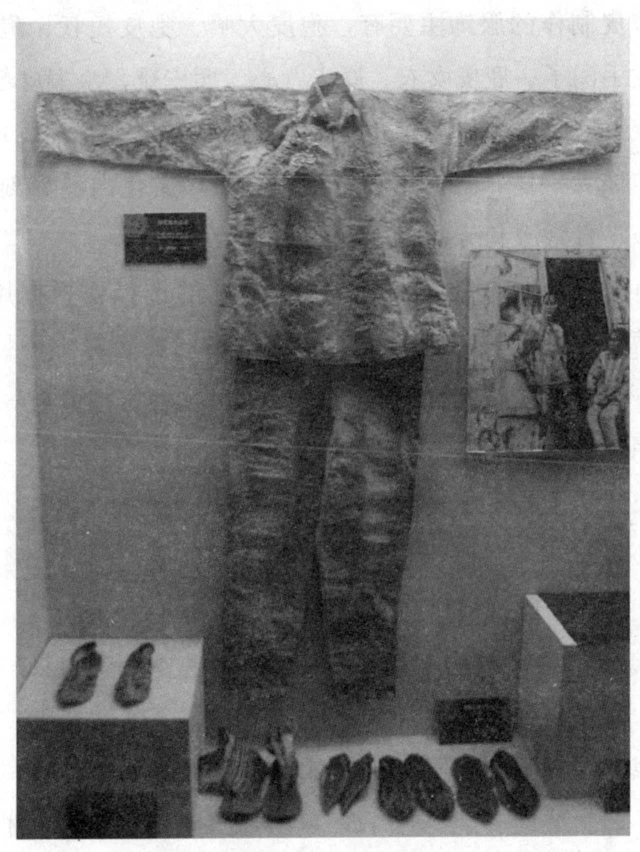

鱼皮服饰　（俄国庆摄）

在商贩没有把布匹贩运到赫哲族地区以前，赫哲人多以鱼、兽皮为面料，加工制作各式服饰和被褥。赫哲人虽为同一民族，有共同的祖先和生活礼数，但由于居住分散，与其他民族融合的时间、程度不同，所以在生活习俗上存在一定差异。生活在混同江沿岸的同江、勤得利及敖其以上至松花江下游的赫哲人，多以狍皮、鹿皮来缝制衣服，而捕鱼所用的套裤等则选用鱼皮。从勤得利到同江下游及乌苏里江流域的赫哲人，多穿着鱼皮服饰。

赫哲族的鱼皮服饰主要有，鱼皮上衣（乌提提）、鱼皮长袍、鱼皮套裤、鱼皮绑腿、鱼皮靰、鱼皮手套等，他们有时还用鱼皮来缝被褥。赫哲人用兽皮制作的服饰主要有，狍皮大哈、狍皮短袄、狍皮裤、狍皮帽子、皮手闷子、鹿皮女衣、鹿皮背心、鹿皮靰、水獭皮冬帽等。

赫哲族鱼皮服饰十分讲究，制衣技艺高超，造型优美、色彩分明，集穿着和装饰为一体，融实用和艺术为一身，文化内涵深刻，有婚礼服、节庆服、日常服和劳动服。

制作鱼皮服装挑选鱼皮是第一关。鱼皮的选择要根据用途而定。鱼皮的厚薄、软硬度、鱼皮的自然纹理等不同特点派上不同的用场。制作皮袍等大件衣物一般用鳇鱼、大马哈鱼、鲤鱼、草根等，而制作套裤等则用怀头鱼皮。

鱼皮服饰制作的工序比较繁杂，是体力与智力的完美结合。在选料之后，要经过剥皮、晾干、鞣制、染色、拼接、裁剪、缝纫、贴饰等七八道工序，才能制成所需要的用品。

赫哲人夏季一般穿鱼皮衣服，冬季则大多穿兽皮衣服；男人多穿兽皮衣服，而女人则多穿鱼皮衣服；外出时多穿兽皮衣服，在家时常穿鱼皮衣服。兽皮服饰除了供男人冬季狩猎、捕鱼时穿外，日常生活中很少穿。妇女平日多穿“乌提提”，出远门或拉烧柴时，才穿带毛的兽皮衣服。因为兽皮要比鱼皮坚硬、耐磨，而且抗风防寒，在外劳动

和冬季穿着比较适合。

赫哲族鱼皮服饰形式多样，做工考究。这里介绍有代表性的几种。

（一）鱼皮长袍

鱼皮长袍是赫哲族服饰中最名贵的，一是用料数量多，而且讲究，二是长袍在当时的服饰中属于时尚装，穿起来既体面又防风保暖。赫哲族穿鱼皮长袍很普遍，男女老少都穿。

鱼皮制作技艺 （图片提供：CFP）

赫哲族女式长袍是渔猎文化的精品，引领了赫哲族服饰文化的发展历史。一般身材的鱼皮女式长袍长 115 厘米左右，多数为全身通体，无接腰。但也有分上下两节的，有接腰相连，上节稍长，72～73 厘米，下节 41～42 厘米。衣服的前后襟和衣袖均由大块鱼皮拼缝而成，下衩和袖口用不同颜色的边角料搭配整合一体，制作精细。鱼皮长袍的前襟有的上下节采用两种颜色，有的上下节采用一种颜色，一种颜色的大多有堆花装饰，美观大方，而长袍后襟堆花的较少。鱼皮长袍的肩、袖口和衣边与长袍主体结构分明，色调反差大，搭配合理，赏心悦目。

赫哲族鱼皮长袍的设计主要依靠制作人的智慧，凭借她们对生活的感悟和想象力，也有衣服主人的愿望。长袍的尺寸因身材不同而有差异，除一般尺寸外，特殊身材的人则以过膝及靴为标准。但无论样式如何，其共同特点是，无领、偏襟右衽、下摆自腰以下渐宽大，领口、袖口、底襟等处有配色或不同装饰物。

（二）鱼皮短衫

赫哲族鱼皮短衫大多为男装，主要从生产和生活的适用性考虑，短衫更为方便劳作。赫哲妇女日常生活用装也着鱼皮短衫。

赫哲族鱼皮短衫在面料选择、做工程序、设计理念和制作技巧等方面与制作鱼皮长袍是一致的，只是比鱼皮长袍短小。可以认为，鱼皮短衫是鱼皮长袍的“压缩版”。鱼皮短衫穿在身上不长不肥，不紧紧贴身，不妨碍肢体自由活动，是适合生产和生活的日常用衣。

着鱼皮装的赫哲族妇女
（图片提供：民族画报）

（三）两件套鱼皮衣裤

两件套鱼皮衣裤是赫哲族服饰文化发展的标志性产物，它适应了生产生活进步的需要。两件套鱼皮衣裤分男装、女装和童装三种。在男装中，上衣分偏襟和直襟两种款式，偏襟的男装多为小立领，直襟男装一般无领（或圆领），扣子是用鱼筋或狍筋结成的“蒜疙瘩扣”。

女式短衫基本为偏襟，在设计上比男式短衫新颖，领口、衣边、袖口装点颜色艳丽。

孩子穿的两件套鱼皮衣裤是成年人衣裤的“压缩版”，但在鱼皮选料上更为精细，选用的鱼皮柔软、耐磨，不易伤害皮肤，在衣袖口和

裤角处缝有鱼皮带，需要时将其扎紧，以防止虫物爬进孩子衣裤内。

穿鱼皮衣的赫哲族少女　（图片提供：CFP）

男式和女式的裤子在外形上趋同，两腿分叉处即裤裆上方均无开口，女裤的裤角或小腿处有花纹和其他装饰物相配。

（四）鱼皮套裤

鱼皮套裤是用鱼皮缝制的两只裤筒，各为一体，互不连接，也就是没有裤腰和裤裆的“裤子”。鱼皮套裤分男女两种。男人穿的赫哲语叫“卧又克衣”，女人穿的叫“嘎荣”。最早赫哲人穿鱼皮套裤，上装要穿长袍，用长袍遮挡裤腰的缺失部分。后来套裤便名副其实了，真正套在裤腿的外面，成为捕鱼、狩猎、砍柴、赶爬犁、骑马、划船等劳作的工作服。

鱼皮套裤的制作相对比较简单。男式套裤上端为斜平口，内侧略高，外侧稍低，在上口边和下口边均有彩条压边，女式套裤的开口大多为月牙形，前边到腰际，后边到大腿根部，上下开口均镶有彩色花边和花纹，既有观赏性，又有舒适性。

男女鱼皮套裤的面料大多选用弹性好，且有一定厚度的怀头鱼皮制作，随着劳动强度减弱，对鱼皮的质地要求也逐渐变化，蛙鱼、鲤鱼的鱼皮也被选为套裤的制作材料。

（五）鱼皮鞋、帽等生活小件品

鱼皮在赫哲族手里用途广泛，大张鱼皮派大用场，小张鱼皮同样有用武之地，即使边角下料也是宝。鱼皮除制作服装以外，还能制作鞋、帽子、手套、各种背包、套袋、装饰挂物等。

赫哲族早年用鱼皮制作鞋与现代用鱼皮制作鞋有很大差别。很早以前，赫哲族脚上穿的叫“鱼皮乌拉”。“乌拉”，不是赫哲族专用语，也不是赫哲族专用品，满族和北方地区的汉语也普遍使用，只是制作用料上不同而已。

鱼皮鞋　（图片提供：民族画报）

赫哲族用鱼皮缝制的“乌拉”，赫哲语称为“索尔固温塔”，多用怀头鱼皮，外形上鞋头部尖而上翘，像渔船。后来在形状上有些变化，乌拉的上部被加高了，而且十分松软，近似现代社会的软皮高筒靴。鱼皮乌拉保暖性能好，外凉里热，不返霜，而且轻便，防滑。但是，这种鱼皮鞋也有缺点，怕火烤，怕热水烫，冬季穿着最为合适。赫哲人把鱼皮乌拉视为家中一宝，传承使用久远，直到改革开放以后，赫哲人才逐渐将其珍藏起来。

鱼皮的多功能在赫哲族能工巧匠手中得到充分展现，用鱼皮制作绑腿、手闷子、腰带、袖带、围裙、背包、手包、各种用具的套袋等，而且是鱼皮画的主要原料，用途广泛，举不胜举。

自清朝后期以来，随着布匹的陆续传入，赫哲人开始穿各式布衣

服。新中国成立后，他们经常穿用棉布、涤纶、针织、绸缎、呢子和毛料等为原料制作的衣服，西服、夹克等时尚服装逐渐走入寻常百姓家。鱼、兽皮服饰成为一种民间工艺品被收藏于博物馆之中，只有举办“乌日贡”大会或庆祝民族重大节日时，他们才穿上表演一番，以展现渔猎民族的服饰文化特征。

二、鱼肉兽肉餐桌美食

历史上，赫哲族是以鱼肉和兽肉为食的民族，当鱼肉和兽肉不足时采集野果、野菜等充饥，很少食用粮食，故有“夏捕鱼作粮”之说。

赫哲人的传统饮食有生鱼类、晒肉类和熟食类几种。其中，生鱼类包括刹生鱼、拉布塔哈（生鱼片）、苏日啊克（生鱼刨花）等，尤以刹生鱼最负盛名，有食之“极品”之美誉；晒肉类包括晒兽肉干、兽肉条、鱼肉干、鱼肉条等；熟食类则包括烧肉、烤肉、炒鱼毛等，花样翻新。赫哲人由于很少食用粮食，平日以吃鱼、兽肉为主，所以没有主、副食之分的概念。

在赫哲族美味菜肴里，挂头牌的当家菜是“塔拉哈”。说起“塔拉哈”就会产生一种“鱼香从远古飘来”的神秘感，使你不得不去品尝。

赫哲语“塔拉哈”意为烤鱼，制作过程不复杂，首先把鲜活的鱼脊背两侧连皮带鳞的鱼肉片下来，然后用削尖的细木棍串上伸到没有烟的木炭火上烧烤，烤得鱼块发出“嗞嗞啦啦”的声响，鱼油从肉里溢出，鱼鳞卷曲嫩黄时，一股股浓浓诱人的鱼香味向四周飘散开来，撩得人直流口水，这时可以从火上撤出，把鱼肉撸下来放入盘中，调好配料蘸着吃，也可以回归自然，即兴直接在木棍上吃。不过，制作“塔拉哈”也有一定的技术技巧，比如木炭火一定要先烧好，到烟尽只剩炭火时方可放鱼入烤。据说串鱼的木棍也很有讲究，最好使用岸边红柳，因为红柳中有可食用的微量香料，经过烘烤和鱼油、鱼香产生

赫哲族烤鱼 （图片提供：CFP）

化学反应，融为一体，提高香美度，增加口感，原生态、无副作用。

酒是“塔拉哈”的伴侣，必备不可缺，烤制的鱼肉只有八成熟，个别细菌并未彻底死亡，所以要在烤好的鱼肉上洒些酒和醋，尽快灭菌，确保食用安全。有酒相伴也是赫哲人的生活传统和待客风俗，好酒加鲜鱼，让你有家不想回。

制作“塔拉哈”最常见的是鲤鱼，其他鱼类也可以，比如草根、鲟鱼、鳇鱼、胖头鱼、白鱼等，但鱼的个头稍大为好，太小的鱼不适合做“塔拉哈”。

江水炖江鱼是与“塔拉哈”不同风味的另一种做法，被称为“三江铁锅鲜”，同样具有“鱼香从远古飘来”的诱惑力。最原始的“江水炖江鱼”是在网滩上架起吊锅，锅里放入江水，用干柴把水烧开，然后把捕捞上来的新鲜活鱼杀死，除鳞，洗干净后放入吊锅中，再放入

适当的盐和野生的姜、葱、苏子叶、红辣椒等调料，开锅即可食用，鱼肉鲜嫩，鱼汤鲜美，原汁原味。现在，“江水炖江鱼”的做法有些改变，先把活鱼杀死、除鳞、清洗干净，然后爆锅，即锅里放适量的植物油，把葱姜蒜和大酱等调料爆炒随即将鱼放入锅里，加料酒、陈醋和白糖，并加入适量的江水，盖上锅盖，慢火缓炖，待开锅后10～20分钟即可食用。

“江水炖江鱼”对鱼的大小要求不严格，个头大的鱼要在鱼身两侧划几刀，使调料滋味能浸入鱼肉之中。各种鱼也可以混杂在一个锅里炖，别有一番滋味。

百鱼宴菜式　（单晓刚摄）

赫哲人对鱼的吃法很有研究，花样颇多，有生吃鱼片、凉拌生鱼、干贝鲜鱼、鱼汤面等。百闻不如一见，如何在“黄金周”或休长假时，去一趟赫哲族鱼乡，饱饱百鱼盛宴的口福，还是很值得的。

随着经济社会的发展，米、面等粮食成品逐渐进入了赫哲族居住的地区，赫哲人开始制作“拉拉饭”、“莫翰古”饭和“索林”饭等特色饮食。赫哲人的饮食结构发生了明显变化，主、副食也逐渐区分开来，开始以粮食为主，鱼、兽肉和蔬菜等为辅。随着赫哲族生活水平的不断提高，一日三餐多以大米、白面为主食，猪、牛、羊等肉类的消费量也相应增加，只有在举办重大喜庆活动或有贵客光临时，他们才做刹生鱼等传统菜肴，供客人品尝。

最初，赫哲人使用的餐饮具大多为木制或桦皮制，有锅、盆、碗、盘等多种，尤以骨筷最为精致，堪称餐饮具中的精品。随着铁制餐饮具的传入，吊锅成了赫哲族特有的炊具之一，并出现了以瓷、玻璃、铝和钢等材料制作的餐饮具。进入21世纪以来，各种家用电器陆续进入了赫哲族家庭，如电饭锅、电炒勺、微波炉、电烤箱等。随着社会进步，厨房革命化时代的到来，赫哲族家庭的餐饮用具也朝着智能化发展。

木制餐具 （图片提供：CFP）

三、撮罗地窝安然生息

赫哲族的住房分为临时性的与固定的两种。临时性的叫“窝棚”，赫哲语称其为“昂库”、“安库”或“安口”。

在原生态背景下，赫哲人由于渔猎生产的流动性，住房大多为临时搭建的“窝棚”。而这些“窝棚”都是因时而定、因地而别，或建在江河岸边，或建在高岗处。有的“窝棚”建在地上，有的沉于半地下，以此作为遮风挡雨、驻足歇息的生活居所，具有构造简单、易于搬迁

等特点，比较有特色的如“撮罗安口”、“卓”、“希日免克”等。

临时性住房以“撮罗安口”为主，它就是人们常说的“撮罗子”，为一种尖顶式窝棚，多是赫哲人夏季捕鱼时住的。棚顶上面除苫草外，有时还苫桦皮，人们称之为桦皮窝棚（赫哲语“塔拉安口”）。当天气稍冷一点后，他们以兽皮或布帐为材料，搭建“兽皮窝棚”（赫哲语“按塔安口”）或“布帐窝棚”（赫哲语“保斯安口”），有时根据季节需要，搭建木板窝棚（赫哲语“温特合”）。“阔恩布如昂库”呈半圆拱形，人们依其形状称之为“圆顶窝棚”，由于搭建耗材费力，后被布窝棚所代替。

临时性住房撮罗子　（肖殿昌摄）

固定式住房为赫哲族比较古老的居住形式，具有冬暖夏凉的特点。当冬季到来后，他们多住在“地窨子”（赫哲语称之为“胡日布”）中，“马架子”（赫哲语称之为“卓”）同样适用于冬季居住。因为屋内有火炕取暖，很受赫哲人的欢迎。自清代以来，他们仿照满族住房，修建了满洲正房，草苫屋顶，起脊，呈楔形，一般坐北朝南。如果是两间，一般东屋为外间，西屋则住人，如果是三间，东、西屋多用于居住，中间用作厨房。

新中国成立后，赫哲人生活水平有了显著提高，居住环境明显改善，开始住上了砖瓦房。改革开放以后，赫哲族的住房条件越来越好，楼房、单体别墅拔地而起，设施配套，环境幽雅，初步实现了楼上楼下，一栋两家，电脑电视，电灯电话。

传统住宅——地窨子　（肖殿昌摄）

历史上赫哲人除临时性或固定式住房外，他们还在正房的东南或西南侧搭建“鱼楼子”，赫哲人称之为“塔克吐”。“鱼楼子”属桩式建筑，实际上是一种仓库，主要用来存储鱼干、肉干、粮食、干野菜及其他物品，具有防潮、防鼠和防家畜祸害等特点。

赫哲族从居住撮罗子、马架子、满洲正房到砖瓦房和楼房，从房子没有窗户到窗明几净，从没有床铺到有了火炕和“席梦思”，记录了赫哲人从原始到现代的历程，展示了赫哲族居住文化的巨大变化和生活理念上的与时俱进。

四、摇橹划桨行千里

赫哲族的交通，以“夏航大舟，冬月冰坚，则乘冰床，用犬挽之”而著称。在遥远的古代，他们四季出行的交通工具，主要有船、“拖日乞”和滑雪板等。其中，独木舟是赫哲人夏季使用最早、也是最古老的交通工具之一。桦皮船因具有船体轻、携带方便等特点，同样受到赫哲人的喜爱。当冬季到来后，他们多以“拖日乞”作为代步、运物的交通工具。对此，《皇清职贡图》载道：赫哲人“冬日冰坚，则乘冰床，用犬挽之”。《满洲氏族源流考》则以“狗车、雪车”称呼之。由此，赫哲族有了“使犬部”或“犬国”等俗称。除“拖日乞”外，他们还使用滑雪板（有的叫踏板）往来于冰天雪地之上，故有“足踏木板，溜冰而射，蹿山跳涧”等说法。

自近代以来，赫哲人陆续引进了花鞋船、丝挂子船、快马子船等船具，经常“泛舟而行”往来于三姓等地。赫哲人经常使用马拉爬犁作为冬季的交通工具，因具有载重量大、行进速度快等特点，所以深受赫哲人的喜爱。当冰雪融化后，他们则乘坐以牛或马为畜力的四轮车。

新中国成立后，赫哲族的交通工具进入一个突飞猛进的发展时期。水上交通工具出现了各种类型的动力船或大型客船，陆路交通工具则有摩托车、中巴车、面包车、出租车及私家用轿车等。在新式交通工具频频问世的同时，传统的交通工具诸如滑雪板、狗爬犁、马爬犁、桦皮船等逐渐退出了历史舞台，古老的交通工具只有在“乌日贡”大会和民族博物馆中才能见到它们的身影。

第三章

人口规模、结构及变动

赫哲族是我国人口稀少的民族之一。新中国成立前，赫哲族饱经了封建统治阶级、沙俄殖民主义者以及日本侵略者的残酷剥削和血腥屠杀，生活条件极其艰苦，患病无医，死亡甚剧，人口总量呈萎缩型发展。到新中国成立之初，全民族人口仅有 449 人（1953 年全国第一次人口普查），整个民族濒临灭绝的边缘。新中国成立给赫哲族带来新生，人口得到了补偿性发展，到 1990 年第四次全国人口普查时，赫哲族人口增加到 4254 人，与 1982 年第三次全国人口普查时相比增长 153.9%，到 2010 年第六次全国人口普查时达到 5354 人，与第四次全国人口普查相比增加 1100 人，增长 125.9%。

第一节　揭开人口变化的谜底

赫哲族是一个多源多流的民族，只有语言没有文字，所以对赫哲族人口数量很难有一个精准的判定。通过对历史文献的梳理，大体描绘出这个民族的人口变化轨迹是一个近似“U”字的图形。即：新中国成立前的漫长历史岁月，人口总量为缓慢下降期，新中国成立后，人

口总量为补偿增长期。

一、文字可见的人口记载

历史上，赫哲族的人口统计资料稀缺。到清朝实行编户编旗制以后，对北方少数民族开始有户籍登记。据《赫哲族简史》记载，顺治十年（1653 年）沙尔琥达与赫哲族葛依克勒氏头人库力甘额夫等几人招抚赫哲族九姓（《康熙会典》载十姓）432 户①。按此推算，如果每户按 4 人计算，当时被招抚的人口可达 1600～1700 人，这要比新中国成立之初的人口多 1000 多人。

康熙十五年至六十一年（1676～1722 年）几次对赫哲族、费雅喀进行编户，户数达到 1859 户，按均等划分，赫哲族约为 500～600 户，人口应在 2000 人以上。

到雍正至乾隆十五年（1723～1750 年），又增 340 户，其中赫哲族 1277 户②。按此推算，当时赫哲族总人口已经增加到 5000 人以上。

关于赫哲族人口究竟有多少，还可以从清朝政府对赫哲族的掠夺、盘剥程度上加以判定。康熙五十三年（1714 年），清朝廷从三姓地区抽调 200 男丁编入镶黄、正黄、正白、正红四旗。雍正十年（1732 年）又增兵 800 名，编入四旗中。按正常的人口年龄结构，从总人口抽出 1000 名男丁，没有五六千人口规模是无法实现的。清朝政府征服赫哲地区以后，不仅多次征调赫哲族兵丁，抗击沙俄侵略，镇守西北、东北边境，让其驻防外地，而且要向朝廷纳贡，清康熙年间（1662～1722 年）规定，赫哲族要按编户数向朝廷献贡，每户纳貂皮一张。当时三姓副都统所属赫哲族等 2398 户③，人口规模可达到12 000～15 000 人。

---

①②③　《赫哲族简史》编写组．赫哲族简史．北京：民族出版社，2009：161、121.

赫哲族人口是从沙俄入侵黑龙江流域以后逐渐减少的。据史料记载，1912 年，赫哲族有 2100 人，到 1930 年，松花江下游、黑龙江南岸赫哲族 780 人、乌苏里河西岸 400 人，共约 1200 人。到 1945 年抗战胜利时，赫哲族人口减少到 460 人，1949 年，赫哲族人口仅存 400 人，民族濒于灭亡的边缘。

中华人民共和国成立后，1953 年第一次全国人口普查，居住在黑龙江省的赫哲族 449 人。1964 年进行的第二次全国人口普查，居住在黑龙江省的赫哲族 698 人。1982 年，第三次全国人口普查，全国赫哲族人口为 1476 人，居住在黑龙江省 1397 人，占全国赫哲族人口 94.6%。到第六次全国人口普查时全国赫哲族人口增加到 5354 人，大部分居住在黑龙江省，占 67.48%。

从赫哲族人口发展与变化的历史轨迹可以看出，一个民族的兴衰取决于国家的力量。国家衰败，软弱无力，民族就要遭受凌辱、死亡惨剧。当国家强盛之时，民族也能挺起胸膛，昂首阔步，人口发展，经济繁荣。

由于受历史上国土疆界争战的影响，赫哲族被切割为跨界分布的格局。留居在黑龙江、乌苏里江以北以东地区的“那乃人、奥罗奇人、乌德盖人”均为赫哲人。据 1979 年苏联统计，其境内那乃人为 10 500人[①]。

奥罗奇人，是西伯利亚最少的土著民族之一，分布在俄罗斯远东地区哈巴罗夫斯克边疆区的苏维埃港地区和共青城地区。据 1979 年统计，奥罗奇人共有 1200 人[②]。

乌德盖人是苏联远东地区的少数民族。分布在乌苏里江以东锡霍特山两麓滨海边疆区和哈巴罗夫斯克边疆区。据 1979 年统计，乌德盖

---

① 莫斯科．苏联人口．1980：25.
② 莫斯科．苏联人口．1980：26.

人为 1600 人。

二、触目惊心的天灾人祸

新中国成立前，赫哲族人口狂跌锐减，早期的外国学者认为，1897～1915 年赫哲族人口减少的原因有四：“第一，食物不足；第二，不知医药；第三，早婚和妇女的不贞；第四，游惰不事工作。”① 当时中国学者通过调查，指出原因有二：“其一，赫哲人在 10 余岁，无论男女老幼都嗜烧酒和鸦片；他们终年的收入，维持生活尚虑不足，再加上这两种消费，生活愈形贫困；其二，赫哲族女子稍有姿色者，都嫁给汉人。因此这个民族男多于女。且他们婚姻有名无实，几实行乱交。生育既不繁，而儿童的死亡率甚大。”②

这些说法都带有明显的民族歧视性，没有从本质上揭示赫哲族人口锐减的根源所在。大量事实表明，历史上赫哲族人口锐减的原因，主要来自政治、经济、社会、文化诸因素，概括起来有以下几方面。

（一）沙俄入侵黑龙江流域，赫哲人生活严遭侵扰

据历史文献记载，从 1643 年 7 月到 1651 年 9 月的 8 年间，沙皇俄国不断向黑龙江流域进犯，军队所到之处烧杀抢夺，无恶不作，血染成河。沙俄的残酷暴行激怒了赫哲族、鄂伦春族、达斡尔族等北方少数民族，他们举起旗帜，拿起武器奋力反抗，击败了入侵之敌，迫使沙皇俄国与清政府签订了第一个平等的《中俄尼布楚条约》。在保卫祖国边陲的正义战争中，赫哲族尽到了中华民族成员的神圣责任，立下了不朽功绩。

但是，沙皇俄国吞并黑龙江和乌苏里江流域的野心不死，积蓄力

① 凌纯声．松花江下游的赫哲族（上册）．南京：中国科学图书仪器公司，1934：60.

② 凌纯声．松花江下游的赫哲族（上册）．南京：中国科学图书仪器公司，1934：60.

量，伺机反扑。赫哲族始终严阵以待，招之即来，来之能战，战之必胜。

据史料记载，1651年10月的一天，一个叫哈巴罗夫的哥萨克头目带领一伙俄军闯入达宏格力河（即葛林河）口的乌扎拉（又称乌扎喇）村，抢劫粮食、财物、强征貂皮，激起了赫哲族渔民的极大愤慨，便与附近的奇勒尔、满族人民联手，集聚了上千人马，暗中调查驻扎在“乌扎拉”敌军的动向，寻找时机“以牙还牙”。当他们侦察到哈巴罗夫派出100名士兵下江捕鱼，只有106名士兵守护营房时，于10月19日拂晓突然向哈巴罗夫的匪巢发起猛攻，但终因手持“激达”（矛）和弓箭不及敌人的钢枪洋炮，伤亡117人，而未获成功。撤退后的赫哲人、奇勒尔人、满族人联合请求清政府派兵剿匪。清政府令宁古塔章京海色率两千骑兵，配当时的重武器，大炮、火药枪、爆破弹等向乌拉扎村进发。1652年4月4日黎明，海色率领的清军在赫哲族、达斡尔族、鄂温克族、满族等群众的积极配合下，袭击了沙俄入侵者的营地，在清军大炮、火药枪攻击下，敌军很快失去战斗力，指挥官哈巴罗夫受伤，群龙无首，惊恐万状，四处逃散，溃不成军，有10人被击毙，76人受伤被俘。

在大战即将取得决定性胜利的关键时刻，海色指挥失误，停止攻击，下令不要放火、不要杀哥萨克，要抓活的。由于没有狠下心来痛打落水狗，结果让其爬上岸来反咬一口。沙俄入侵者看清军停止了炮火攻击，有了喘息之机，哈巴罗夫又重新组织兵力，架起大炮向密集冲杀的清军轰击，清军死伤惨重，被迫撤退。据统计，这场战役中清朝军民牺牲1600多人，沙俄军队丧生233人①。尽管乌扎拉村抗俄战斗失利，但军民联防给哥萨克入侵者有力痛击，坚定了北方少数民族抗击入侵者的胜利信心。

---

① 《赫哲族简史》编写组．赫哲族简史．北京：民族出版社，2009：132.

沙皇俄国的军队在黑龙江流域接连遭到重创，但入侵野心不断膨胀，1657年又进犯松花江流域三姓附近的尚坚乌黑（当时人称“山因富赫”）等处，抢夺赫哲族、满族、汉族家中粮食、财物和貂皮，清政府得报派宁古塔章京沙尔瑚率兵抗击。清军在赫哲族、满族等群众主动配合下，给沙俄入侵者沉重打击，初战告捷。但是不甘于失败的斯捷潘诺夫于1658年7月11日带领500多名士兵入侵赫哲族地区，早有准备的沙尔瑚率45只战船，1400多兵卒同敌人展开激战，由于清军气势强劲，赫哲渔民划船技艺高超，配合得力，火力压倒了敌方，沙俄入侵者有270人被击毙或被俘，侵略者头目斯捷潘诺夫毙命，其余向黑龙江上游逃跑。被沙俄入侵者抢劫之物全部缴回。

清军和边民奋力反抗沙俄入侵，并取得局部战场的胜利，但清政府的腐朽没落却酿就了抗俄斗争的整体失败。沙俄威逼清政府签订了不平等的《中俄瑷珲条约》，割去了黑龙江以北、外兴安岭以南60多万平方千米的中国领土，只有精奇里江以南至豁尔莫勒津屯（江东六十四屯地区）的中国人仍在原地“永远居住”，由中国官员管理，俄国人“不得侵犯”。乌苏里江以东的40万平方千米的中国领土划为中俄两国“共管”，这为沙俄进一步侵略埋下了伏笔。此外，还允许沙俄船舶在黑龙江、乌苏里江中航行。由于清政府的软弱无能，后来由两国共管地区也被沙俄逐步蚕食，夺为己有。

在抗击沙俄入侵的历史岁月里，赫哲儿女不屈不挠，为维护民族尊严和领土完整战斗不息，可歌可泣的感人故事，举不胜举。比如1860年冬，居住在黑龙江左岸彪尔郭一带的赫哲族噶珊达扎拉西外出狩猎未归，有两名哥萨克士兵闯入扎拉西家中调戏他妻子，扎拉西妻奋力反抗，使得两人逼奸未成，便拿起铁锹殴打。扎拉西的妻子临危不惧，拎起砍柴大斧向两名匪徒猛砍，这两个匪徒狼狈逃跑，又纠集三个匪徒返回扎拉西家进行报复，把扎拉西的妻子绑在雪地上殴打，又摔碎锅碗瓢盆，焚烧了房屋。哥萨克匪徒的暴行惊醒了扎拉西家的邻居，乡亲们手持猎枪、大刀群起攻之，赶走了几名匪徒，扎拉西的妻子得以营救。

为了躲避哥萨克军队的蹂躏，许多散居的赫哲人举家迁移，向人口相对较多的地区集聚，或由边疆迁往内地。在一个多世纪的漫长苦难岁月中，沙俄不断入侵，烧杀抢夺，无恶不作，使赫哲族人民不得安生，生活每况愈下，加之男丁不断补充军队，家庭动荡漂泊，生育率下降，人口随之减少。

（二）日本军国主义入侵，赫哲族遭受摧残迫害

日本军国主义强力推行殖民统治政策，在构筑“大东亚共荣圈”的谎言下，武装侵占中国，使中国东北地区各族人民在日本军国主义铁蹄下生活 14 年。赫哲族被日本侵略者残酷迫害和摧残最为深重。当时，赫哲人只要与苏联或东北抗日联军稍有往来，便立即受到日伪特务、日本宪兵的迫害或屠杀。日伪统治者为防止赫哲族参加抗日队伍，切断了其与东北抗日联军的联系，实行“坚壁清野”、“集家并屯”的灭绝人性的办法，在 1942 年迫使嘎尔当、大屯、齐齐喀、茂日红阔、街津口、勤得利和抚远等地的赫哲族离开江岸，归并到既不能捕鱼，又不能狩猎，也不能从事农耕，一、二、三部落的所谓沼泽地带，使归并部落的赫哲人无衣无食，吃野菜、草根，披麻袋片。由于挨饿受冻，生活环境恶劣，疾病蔓延，死亡甚剧。据资料记载，当时富锦、同江、抚远一带有 3 个较大的赫哲族部落 237 人，其中，一部落有 77 人，死亡 18 人，占部落总人口 23.4%；二部落有 51 人，死亡 19 人，占 37.2%；三部落有 109 人，死亡 35 人，占 32.1%。不到 3 年时间共死亡 72 人，占总人口的 30.4%，而且死亡者多为婚育期的青壮年。有些人虽在部落内幸存下来，但因受尽了摧残，体质明显下降，免疫力低下，迁出部落不久，也离开了人间。更加惨无人道的是，在部落

发生传染病时，日伪反动派强行抽赫哲人的血作毒菌试验。并在水井中放进毒药，造成中毒死亡事件。赫哲人把这段苦难的日子编成了一首歌，以表示对日本侵略者的仇恨：

日本鬼子呀！强迫赫哲人归部落
不去就打骂你，还进行枪杀
爬犁奔过塔头甸子
孩子被震死了
父母扔掉命根子
悲伤地哭泣
过了头道河子
还要渡过二道河
淌着冰排走
隐进乱混窝
孩子生病发烧
大人寒冷心酸
人人叹气　怒气冲天
到了鬼部落
住上地窨子和马架子
又脏又臭　人人难受
发生传染病　无处请大夫
死的死亡的亡
丈夫扔下妻子
孩子失掉父母
灾难无情
……

日本帝国主义为了彻底征服赫哲族人，实行种种毒辣手段，尤其残忍的是以“照顾”赫哲人吸食鸦片为名发给“吸烟证”，卖给赫哲渔民所谓“福寿膏”（鸦片烟），并鼓励诱惑赫哲人种植罂粟，支持吸食鸦片。在日伪统治者的阴谋之下，饶河、抚远、富锦等赫哲人居住地很快成为著名的鸦片烟区。鸦片的流毒，严重危害了赫哲人的身心健康，导致死亡率上升和妇女生育率降低或不能生育。

尽管日本侵略者采取种种残酷手段欺压赫哲族渔民，但是英勇不屈的赫哲儿女始终坚持反抗，他们拿起武器，参加消灭日本侵略者的战斗，丰功伟绩和流淌的鲜血为后人铭记，在赫哲族历史中记下了浓重的一笔：1932 年，在赫哲族英雄卢美春的带领下，苏苏屯和万里霍通屯的赫哲族有志青年尤国清、傅金山等 20 多人参加了东北抗日联军第六军，转战铃铛河、梧桐河等地，在一次战斗中消灭日伪军 30 多人。1932 年夏，街津口、勤得利等地的赫哲族爱国青年傅双喜、尤洪振等 40 多人参加了抗日名将李杜将军领导的抗日义勇军，被编为一个独立分队，傅双喜被任命为队长。1933 年 8 月，这支抗日义勇军在同江七星岗伏击了 200 多日伪军，消灭敌人一个尖刀排。

在抗击日寇斗争中，赫哲族前赴后继，1943 年 5 月，八岔村的赫哲人董贵喜、傅文昌携同家眷共 25 人渡过黑龙江参加了苏联红军，多次被派遣回国执行侦察任务，1945 年 8 月苏军出兵东北时，他们担任翻译和向导。1945 年 9 月 20 日，苏联最高苏维埃主席团授予赫哲族英雄董贵喜、董贵福、毕发祥、毕清林三级抗日奖章。

（三）土匪的残杀掠夺

清末民初，民族矛盾和阶级矛盾日炽，社会秩序混乱，许多人出自不同目的揭竿而起，占山头，拉队伍，一些土匪为了扩展匪势，招兵买马。赫哲族渔猎民成了土匪头目算计的目标，一来想夺取他们手

中的枪支弹药，扩充匪势；二来想抢劫他们的猎物，肥私匪众。赫哲族猎民为防范土匪袭击，组成狩猎组织，集体出围。即使如此，也防不胜防，还不时遭受土匪杀掠袭击。1922年，同江县高台子地区，40余名赫哲族猎人被土匪杀害，制造了轰动一时的“高台子事件”。这次事件给富锦、同江两地赫哲人带来灭顶之灾，有的家庭妻离子散，有的家破人亡，有的家庭只剩下孤儿寡母生活难以维系。

（四）疾病流行 死亡甚剧

在万恶的旧社会，赫哲族被歧视，政治地位极其低下，生活环境恶劣，陷于饥寒交迫之中，生命安全没有丝毫保障。在贫困家庭，睡眠无被褥，只好以麻袋片当被子，几口人扯着盖，大姑娘无衣裤可穿，一双鞋放在地上，谁出去谁穿上，回来脱掉放在原地……这些场景并非夸张之事。人们对生活前途不抱任何希望，所以不愿意生儿育女。由于长期遭受反动统治阶级的欺压，生活质量低下，卫生状况恶劣，无医无药，因此，天花、霍乱、黄疸、痢疾等疫病经常发生流行，往往夺去全家甚至全村人的生命。

当时，天花是危害赫哲人生命的第一祸首。据老人回忆说，在赫哲族地区曾经发生过几场天花，死了许多人，有的全家无一幸免。有傅姓一户人家，弟兄9人，个个硬邦邦的，谁知一场天花竟一下子死了7个，其余两个兄弟到深山里打猎，好多天没回来，才幸免于死。据1912～1919年乌苏里江、黑龙江流域调查，估计黄岗有赫哲族50户，后来一场天花，几乎死光。1915年四排村发生天花，赫哲人一次死亡20多人。除天花外，还有霍乱、伤寒等疫病流行蔓延。1856年左右，在街津口附近一个小村中，一次传染病的流行，使全村人口死光。1922年富锦县大屯发生传染病，在一个月期间内，有100多赫哲人死亡。1927年和1941年前后，四排村发生两次大的伤寒病，也死亡很多人。据街津口调查，日伪统治时期，街津口村传染病流行，死亡多人，杨哈番家中有20多人，仅其一名孙女幸免于死。[①]

(五) 生产和生活环境艰苦 健康透支严重

历史上，赫哲人依山狩猎，傍水捕鱼。夏日气候温暖，日子好过一些，而冬季低温严寒的时间漫长，度日如年。在冬季，赫哲人为了维系生计，迎着凛冽的寒风，在刺骨冰凌中下网捕捞，在冰雪中露宿旷野，寻踪逐兽。这种恶劣的生产生活条件，往往是在挑战生命极限，体力透支，未老先衰和中年夭折的人不在少数。

传统的陋俗禁忌，也给赫哲族妇女身心健康带来严重的损害，旧法接生，患病请萨满跳神，使妇女在孕期、产后大多患上各种疾病，轻者终身不育，重者身亡。

当然，近亲结婚导致赫哲族妇女生育率低、体质衰弱夭亡、无嗣断后，也是人口锐减不可忽视的原因。

赫哲族是多源多流和跨境分布的少数民族，在沙俄入侵黑龙江流域以及日本军国主义入侵东北时，有些赫哲人不堪忍受压迫越境到苏联境内，也导致了中国境内赫哲族人口减少。新中国成立后，政府实行户籍管理，有些赫哲族人误报了民族，也相应减少了赫哲族人口数量。

三、缓慢有限的补偿生育

一般地说，在人口锐减之后形成的补偿生育，应该出现生育势头很猛的“开门挤压”现象。但是，赫哲族由于人口基数过小，补偿生育对人口总量增加的刺激影响不大。同江市人口计生部门曾经对八岔乡10名赫哲族妇女生育史进行过回顾调查，了解到这10名赫哲族妇女共生育24个孩子，有18个孩子死亡[②]，死亡孩子数占出生孩子数的

① 凌纯声．松花江下游的赫哲族．南京：中国科学图书仪器公司，1934：60.

② 熊映梧．中国人口（黑龙江分册）．中国财政经济出版社，1989：328.

75%，每个妇女平均存活的子女仅为0.6个。

1945年东北地区解放以后，赫哲族的政治地位提升，生活条件发生了根本变化。党和政府实行民族平等政策，采取强力措施制止鸦片流毒，帮助赫哲族中被欺骗吸食烟土的人戒掉鸦片烟瘾。根据当地资源情况逐步发展农业，普及初等教育，努力扫除文盲，建立卫生院，培训接生员，进行卫生知识和生殖健康教育，改善生活条件和医疗卫生条件，使得赫哲族婴儿死亡率和孕产妇死亡率急剧下降，出现了人口迅速增长的喜人局面。

赫哲族人口从1953年的第一次全国人口普查449人，到2010年第六次全国人口普查时，人口增长到5354人，60年间人口增长12倍。更值得欢欣的是，赫哲族的存活子女占活产子女数由75%提高到99.48%，提高了24.48个百分点。妇女平均活产子女数和存活子女数均达到0.94，比新中国成立之初提高0.34个百分点。新社会的幸福生活给赫哲族妇女带来喜气，她们脸上露出的笑容像一朵朵绽放的鲜花。

第二节　人口增长传承希望

对于人口稀少的赫哲族来讲，人口增长无疑是一个喜讯。因为人丁兴旺，寄托着赫哲族的无限希望。

一、民族识别增加人口基数

当代赫哲族人口增长速度是全国最高的，从第一次全国人口普查到第六次全国人口普查近60年间，赫哲族人口成倍地增长，其中民族识别和更改是重要因素之一。中国社会科学院民族研究所刘忠波研究员曾于1964年、1982年和1985年先后三次到佳木斯市敖其、泡子沿等村屯作调查。他认为，民族成分识别而带来的民族成分更改，是赫哲族人口增加的重要因素。

刘忠波研究员根据历史文献记载、地方志编录和葛氏宗谱考证，通过祖辈世系、族源、历代身世研究，认定居于敖其村的、现为满族成分的葛顺祥、葛恩祥、葛奎祥、葛恩奎、葛文义、葛文福等葛氏家族，是赫哲族中比较单一的古老氏族，是首领尼雅胡图的后裔。尼雅胡图曾是明朝万历年间管辖本地方的独立部长。该氏族的历代部长，一再充任管辖上至牡丹江（呼尔哈河）、松花江流域和黑龙江下游各部落的总部长及其他军政要职，在明清两朝的北部边疆中起过重要作用，其官职高到二品，低至六品。

20世纪80年代初去世的葛庆国（居于依兰）曾将其十世祖董萨那（清朝乾隆年间正黄旗世袭佐领）受乾隆十六年封其为“中宪大夫”，其妻受封为“恭人”的两件《诰封册》献给依兰县文物管理所，此文物于1984年2月至4月在北京自然博物馆举办的“赫哲族的渔猎生活”展览中展出。这表明葛氏家族曾是名门望族。

葛氏家族兴旺时期主要是居住在依兰，依兰地名就是来自于赫哲语（满语也同）“依兰哈拉”（依兰是汉语的“三”，哈拉是汉语的“姓”），汉语也称为三姓，三姓指的就是赫哲族的葛、卢、胡（也称傅）三大氏族。为称呼方便，汉语把“依兰哈拉”去掉“哈拉”而称依兰。葛氏家族现散居于依兰县，佳木斯市敖其村、八岔乡以及桦南、汤原等各地。

1982年刘忠波研究员在考察时，曾对尼雅胡图后裔葛恩奎讲过，“你们是赫哲族，不是满族”。当时正值党的十一届三中全会后，国家的民族政策得到进一步落实，各地区在对少数民族招工、招生、招干、生育等方面实行优惠政策。葛恩奎便找有文化的侄儿葛文福出面，办理葛氏家族恢复民族成分的事情。

葛文福受众人之托，多次去佳木斯市郊区、地区民委、省民委反映情况，表达民族群众诉求，终于得到黑龙江省民委的认可。葛氏家族正式申报和批复恢复民族成分共有三次：第一次以家谱为准呈报的23户97人，于1984年10月5日被佳木斯市郊区人民政府发文批准由满族恢复为赫哲族成分；第二次申报是以延续三代为准，三代以内的直系子女年满18岁者由个人自定是否更改民族，而不满18岁者由其父母确定，更改民族成分采取自递申请，坚持自愿为原则，呈报50户196人，于1985年5月13日被佳木斯市郊区人民政府批准；第三次为补报申请，呈报51户168人（包括一些居住外地的），于1986年5月批准。先后三次共批准124户461人。

1930年葛文广全家合影 （杜殿文摄）

更改民族成分至1986年6月停止。但葛氏家族很多人在外省工作居住，得知信息便纷纷找葛文福证明其家族身份。凡在家谱上能找到根据的，葛文福均给这些亲属做了证明，有泡子沿、永安、黑通、福胜等附近村屯180多人，桦南100人，汤原20多人，佳木斯市400人，松江乡以及外省40人。[①]

因为民族认别葛氏家族由满族更改为赫哲族大约1200余人，可以说，这是民族人口正本清源的典型案例。它从客观上壮大了赫哲族，为民族人口增长奠定了基础。

二、“团结户”助力人口增长

在民间称谓中，由不同民族所组成的家庭，被称为“团结户”。新中国成立后，赫哲族男女与汉、满、朝鲜族通婚的“团结户”家庭比例大大增加，通婚后其家庭子女大多选择按赫哲族申报民族成分。据街津口和八岔乡调查，在232户赫哲族家庭中，团结户占76.27%，夫妻双方都是赫哲族的家庭只占23.28%。赫哲族有配偶人口为1716人（男864人，女852人），丧偶102人，离婚21人。仅以有配偶为例，在860对夫妇中，“团结户”达到76%[②]。

进入21世纪，赫哲族与其他民族通婚速度进一步加快，“团结户”规模进一步扩大。2008年同江市人口计生局对赫哲族乡1143人调查，10年中有329人结婚，其中，赫哲族结婚人数为183人，占该乡结婚人数的56%。汉族娶赫哲女的为56人，占赫哲族结婚人数的30.6%；汉族女子嫁给赫哲族男子为妻的80人，占赫哲族结婚人数的43.71%，汉族与赫哲族结婚的共136人，占赫哲族结婚人数的74.32%，满族与赫哲族结婚的有9人，占结婚人数的4.9%，朝鲜族与赫哲族结婚的有1人。不难看出，赫哲族与其他民族结婚已经成为婚姻的主体，“团结户”的增多，为赫哲族人口增加增添了新的力量。

---

① 佳木斯市民族宗教局提供.

② 2000年同江市人口计生局调查.

三、人丁兴旺，复兴可待

改革开放后，赫哲族享受到改革开放的发展成果，民族经济繁荣，人丁兴旺。

从人口自身发展趋势看，根据第六次全国人口普查资料分析，随着经济社会的发展和“惠家工程”、“创建幸福家庭”活动的深入开展，赫哲族妇女活产婴儿数和平均存活子女数还会有所提高，支持人口总量持续增加。但是，也应当看到，赫哲族由于人口基数过小和育龄人群的限制，人口增长规模表现出的有限性还将持续很长时间，预计到2020年总人口不会超过7000人。但规模不断扩大，已成为不争的事实。

第三节　男女老少知多少

任何一个人口群体都是由男女两性组合而成的，在正常情况下，男女两性的比例始终保持均衡的状态。也就是说，在人口出生时男孩的数量要略多于女孩，即每出生100个活产女婴，相对应有103～107个男孩出生。所以正常的出生性别比为103～107。到了老年时，女性的人口又要略多于男性。这是因为，男性在成长过程中风险要大于女性，而女性的预期寿命要高于男性。但是，赫哲族人口基数过小，数字的微小变动都会影响很高的比例变化，带有很大的偶然性和不确定性。所以观察赫哲族人口发展变化要从更广阔的视角，多一份耐心和细致。

一、银色浪潮跳动的音符

赫哲族是一个人口变化比较大的民族。由于人口的自然变动、机械变动以及政策等社会因素变动，在不同的历史时期，其民族的年龄结构变动幅度大，是一组变化不规律的跳动音符。

根据20世纪50年代后期对街津口、四排村赫哲族人口调查的资料显示，0～14岁少年儿童占总人口的38%，65岁及以上老年人口占总人口15%，老少比为39%①。综合这几项指标看，当时赫哲族人口年龄类型已经处在成年型与老年型之间。值得一提的是，赫哲族的老年人口比重比较高，超过世界统一规定的人口老龄化社会标准，表明赫哲族地区已经迈入老龄社会。这一情况与全国相比差距较大，表现不同步。但符合赫哲族的人口实际，因为当时赫哲族人口基数过少，而婴儿出生数量寥寥无几，对人口年龄结构比重的拉动作用不明显。

身着盛装的赫哲族老人　（肖殿昌摄）

而从1982年第三次全国人口普查资料来看，赫哲族人口年龄构成与20世纪50年代相比，发生了明显变化。0～14岁少年儿童所占比例，从20世纪50年代的38%上升到39.36%，提高1.36个百分点；而65岁及以上的老年人口从20世纪50年代的15%陡降至2.67%，下降了11个百分点，像三级跳远一样，从老龄社会中跳了出来，人口年龄构成类型又回归到年轻型。15～64岁成年组也相应地提高了12个

① 同江市人口计生局提供.

百分点，即从20世纪50年代的47%上升到80年代的58%。

在20世纪90年代银色浪潮席卷中华大地之时，赫哲族人口年龄构成变化不大，0～14岁少年儿童组的人数比例从20世纪80年代的39.36%升至90年代的39.42%，变化微弱平缓；15～64岁成年组的人数比例从80年代的57.97%升至90年代的58.82%，变化比较微小；65岁以上的老年组人口数从20世纪80年代的2.67%降至90年代的1.76%。老年人口所占比重仍呈下降的趋势，这与全国人口老龄化步伐加快的现象形成反差。所以走进赫哲族地区很少见到白发苍苍的老年人，而生龙活虎的年轻人到处可见。

从2010年第六次全国人口普查得知，赫哲族人口年龄构成悄悄地发生了很大变化，0～14岁少年儿童组的人数比例从20世纪90年代末的27.9%，下降到2010年的17.15%，20年间下降10.75个百分点。少年儿童人口的减少与计划生育深入人心，妇女不愿意多生孩子，生育率降低有关。而15～64岁成年组的人数比例，从20世纪90年代末的69.7%上升到了78.45%。这一情况表明，赫哲族正处在劳动年龄人口的“黄金期”，对赫哲族地区发展十分有利。65岁及以上老年组人数比例，从20世纪90年代末的2.4%上升到了4.4%，提高两个百分点，这一变化表明，少年儿童人数减少，老年人口寿命延长，“银色浪潮”即将拍打赫哲族地区的岸边，应做好积极应对人口老龄化的各项准备工作，避免“冷手抓热馒头”的现象发生。

二、难以度量的男女比例

人口的性别构成直接影响结婚率和妇女生育率，它与社会经济发展有着密切的关系，尤其是关系到社会和谐与稳定。

赫哲族总人口的男女比例波动变化较大，但总体呈男少女多的趋势。早在1982年第三次全国人口普查时，全国共有赫哲族1489人，其中男762人，女727人，男性占51.18%，女性占48.82%，总人口性别比为104.8，表明男性人口居多；到1990年第四次全国人口普查时，赫哲族人口增加到4254人，其中男性2115人，女性2139人，男性占49.72%，女性占50.28%，总人口性别比为98.87，表明女性人口略多于男性。事隔20年，到2010年第六次全国人口普查时，赫哲族总人口增加到5354人，其中男性2651人，女性2703人，男性占49.51%，女性占50.49%，总人口性别比为98.07，表明这20年间，赫哲族男女两性发展相对均衡，变化平稳，女性人口略多。表明男性在成长过程中风险大于女性，平均预期寿命也低于女性。女性人数略多于男性并非特异现象，而符合人口生命科学规律。

在一个稳定的人口群体中，男女数量大体平衡，但是在不同的年龄组，男女人数和比例却存在一定差异，这一情况也不足为怪，尤其是赫哲族由于分年龄组的人口数量甚少，偶然性清晰可见，所以不能用常规指标进行比较和判定工作的好与差。

在1998年时，同江市人口计生部门对赫哲族人口状况进行了调查，0～14岁低年龄组的性别比也较低；15～44岁年龄组除25～29岁年龄组以外，其他年龄组的性别比均比较高；45～64岁年龄组的性别比却呈偏低现象；而65岁以上组则呈偏高趋势。所以，赫哲族整体上出现与众不同的低年龄组性别比低、高年龄组性别比高的现象。

从2010年第六次全国人口普查结果看，赫哲族分年龄组的性别构成状况也偏离正常值域，但每个年龄组的人数甚少，误差率自然居高，所以研究价值不大，只能作为一种情况掌握和了解。0～4岁353人，其中男189人，女164人，性别比为115.2（0岁66人，男37人，女29人，性别比为127.58，严重偏高）；5～9岁281人，其中男154人，女127人，性别比为121.25，明显看出0～9岁的低年龄组性别比偏高。10～14岁284人，其中男146人，女138人，性别比为105.79，

这个年龄组性别比趋向正常值域。15～19岁444人，其中男216人，女228人，性别比为94.73；20～24岁819人，其中男353人，女466人，性别比为75.8；25～29岁524人，其中男255人，女269人，性别比为94.8，这大段年龄组的性别比呈偏低发展。从30～34岁年龄组开始，以上各年龄组的男女人数忽高忽低，无规律可循。而85～89岁8人，均为女性。

赫哲族男女人数在不同的年龄组分布是不均匀的，差异性比较大，在低年龄组中男性多于女性，到了中年，男女人数逐渐趋向平衡，但波动性特别大，60岁以上老年人口中男性居多，这一情况与前20年相比截然不同，与其他民族相比也截然相悖，但是高龄老人均为女性，而男性却空席。

赫哲族对孩子的性别没有明显偏好。他们认为，生男生女都一样。

三、市场经济敞开多元就业渠道

新中国成立前，在赫哲族居住的地区，主要是农业和渔业，而赫哲族的劳动年龄人口大多从事渔猎业生产，很少有人从事其他行业，所以赫哲族的男人个个都能担当起“渔把头”，都称得上好猎手。妇女是男人的好帮手，肩负着繁重的家务劳动，在房前屋后种植些蔬菜。

改革开放的春风吹进赫哲族家园，把赫哲人卷入市场经济大潮中，许多人把渔船停放岸边，收起渔具，有人把土地转包出去，到广阔的天地中去长见识、学技术、练本领、找出路，闯出一条充满希望的星光大道。

据2010年第六次全国人口普查统计，在20个行业门类中，除国际组织以外的19个行业门类，均有赫哲人分布。普查登记的就业人数为244人，其中农林牧渔业79人，占32.38%；采矿业1人，制造业33人，占13.52%，电、燃、水生产及供应业4人，建筑业12人，占

4.91%，交通运输、仓储和邮政业14人，占5.73%，信息、计算机和软件4人，批发零售业21人，占8.60%，住宿和餐饮业5人，金融业4人，房地产业1人，租赁业7人，科研、技术和地质勘查业3人，水利环境及公共设施业2人，居民服务业4人，教育14人，占5.73%，卫生、社会保障、福利业8人，文化体育和娱乐业2人，公共管理和社会组织26人，占10.66%。

以上资料看出，赫哲族在第一产业中从事农林牧渔业的劳动力显著减少，比例只占到了三成；而第二产业（采矿、制造、电燃水生产供应、建筑）的劳动力数量呈迅速增加趋势，所占比重达到25%左右；第三产业成为赫哲族就业的广阔平台，劳动力比重接近43%。更值得提及的是，赫哲族妇女就业比例高，占就业人口的43%，而且基本覆盖了所有行业门类。这是赫哲族历史上不曾有过的伟大奇迹，是改革开放和社会主义市场经济体制造福赫哲族的鲜明标志。

四、走进都市的赫哲人

历史上赫哲族从未离开过三江流域，街津口是他们最大的田野都市。新中国成立后，赫哲族翻身得解放，成为国家的主人。少数有识之士考入城市的大学离开了江水渔乡，有的进城被提拔当了领导，但毕竟是极少数，他们的离去并未引起多大的轰动，而被淹没在渔民欢乐的歌声中。

改革开放把城市的大门越开越大，把赫哲族闭塞的山门越开越大，城里人来到了街津口、八岔乡、四排村、敖其村，渔民们也走了出去。人流的互动，开阔了赫哲人的眼界。最初，他们只是效仿城里人的穿着打扮，随后开始采集城市信息，在城里人的感染下，赫哲人心动了，年岁稍大些的把劲使在孩子身上，拼了命也要把孩子供出去上大学；年纪轻的便打起背包走人了，到外面的世界去闯荡闯荡，离开三江流

域的赫哲人像是滚雪球一样逐渐有了规模，说起谁家人去了哪儿不再无人理睬，而是高兴、骄傲和自豪。

据 2010 年第六次全国人口普查的信息，全国居住在城市的赫哲人已经达到了 2356 人，占赫哲族总人口的 44%；居住在城镇的 1269 人，占总人口的 23.7%。居住在北京市的赫哲人有 183 人，居住在广东省城市的有 233 人，其中居住在辽宁省城市的有 119 人，吉林省城市 89 人，河北省城市 61 人，居住在国际化大都市上海的有 31 人，黑龙江省城市的赫哲族人口最集中，为 1260 人。

相比之下，赫哲族乡村人口逐渐减少。目前，在乡村居住的人口仅 1729 人，占 32.29%，男性多于女性，男性为 910 人，女性 819 人。乡村人口集中在黑龙江省，为 1302 人，占 75.3%；其次是吉林省乡村为 107 人；再次为四川省 52 人。全国除西藏地区以外，其他省市区的乡村中均有赫哲族人口分布。

从赫哲族人口城乡分布的变化，让人们高兴地看到了有越来越多的赫哲兄弟姐妹享受到了改革开放的发展成果，享受到了公平、均等的社会化服务。但是，令人忧心的是，赫哲族距离原生态文化的发祥地越来越远，原生态文化的传承面临严峻挑战。

第四章

婚姻家庭

婚姻是联系有情人的纽带，她把一对对男女结合在一起，组成家庭，带入温馨的港湾，生息繁衍。但是婚姻又具有社会文化特征，演绎出诸多酸甜苦辣的故事……

第一节　结婚喜庆说道多

赫哲族实行氏族外婚姻，一夫一妻制。婚姻形式形式多样，别具一格。

一、比武招婿

在漫长黑暗的旧社会，赫哲族年轻人的婚姻都由家中老人包办。婚姻规矩也比较多。在原生态文化背景下，赫哲族择偶不太讲究门第，而是看个人本事的大小。对于男性的要求，主要看小伙子身体强不强壮，是否能干活，看他是不是捕鱼和狩猎能手等，因为家里有个强壮而且能捕善猎的男人，日子就会丰衣足食、幸福美满。而衡量姑娘的标准，也是看劳动好坏，是否心灵手巧和聪明贤惠，如果长相好就更有优势了。

据老人讲，赫哲族早年通过比武招婿解决婚姻问题。比武招亲有三种形式：第一种是男方看中了女方，而女方本人又在捕鱼狩猎方面擅长，本事较大。在这种情况下，男方要提出与女方比武，因为女方自身有百般武艺和技能，对男方要求的标准自然高许多，所以在比武中赛成平手，男方不能算是胜出，必须让女方心服口服，否则男方没戏。第二种是女方性格内向，不善于结交朋友，到了谈婚论嫁的年龄，就由父母做主，举行比武招婿大会，请来媒人和见证人，制定规则程序，限定条件，哪个小伙子取胜，他就是“莫日根”英雄，自然成为女方的夫婿。第三种情况是几个小伙子同时追求一个姑娘，竞争激烈，而女方家又拿不定主意，便决定通过比武的办法定终身。

赫哲族比武招婿有两个大项目：一是捕鱼，二是狩猎。在捕鱼比赛中有两项规定赛事，即桦皮船速划赛和捕鳇鱼比赛。狩猎比武也包括两项赛事，即射箭比赛和与山上最凶狠的野兽徒手格斗。这些比武项目类似现代竞技体育中的“铁人五项”，但危险系数要比体育比赛高出许多，要有真本事、硬功夫，虽然在最后与野兽徒手格斗时会有保护措施，但功夫不到家也会受到伤害。

赫哲人比武招婿有着感人的爱情故事。据说，在很早以前，街津口有位赫哲族姑娘，名叫额云。渔猎民都说她是西边天上晚霞脱生的。额云姑娘长得像河中的莲花，身上的筒裙和短衫犹如雨后七色彩虹，美丽动人。她天性豪侠、刚柔相济，从小随父练就百般武艺，下江能捕鳇，上山能捉虎，被部落的人称为“美貌武侠”。

额云的美貌和武艺成了赫哲人的骄傲，更让未婚小伙子们垂青爱慕，都想娶她为妻，到额云家提亲的人络绎不绝，几乎踏破房门。额云的父母无奈之下跟女儿商量如何应对，大方爽快的额云答道：“这事不用愁，比武吧！谁要是胜了我，我就答应嫁给他。”

一场“争夺”美女的大战拉开了帷幕。额云以一应十，轮番出场，先是比桦皮船，看谁划得快，然后下鳇鱼钩，看谁先钓上个头大的鳇鱼，然后射箭，比百步穿杨，比飞刀叉烤鱼、烤肉，最后比格斗。十几个小伙子轮番上场，个个汗水淋淋，气喘吁吁，力不从心，无法占胜额云。参加比武的小伙子中，有一位论长相和武艺都让额云心动的人。在最后一场“格斗”时，额云故意露出破绽，给心爱的小伙子一个取胜的机会。当额云举起胜利者的手臂时，小伙子的脸刷地红透了。在围观群众欢呼跳跃时，小伙子悄悄对额云说，谢谢你，我会倍加珍惜。额云高兴地嫁给了他。据说，俩人划着渔船去度蜜月，从此过上了甜甜蜜蜜的幸福生活。

比武招婿声势大，热闹非凡。谁家姑娘到了出嫁的年龄，又没有如意郎君，父母就要拜见民族首领，商议召开比武选婿大会的事情。比武除了传统项目以外，也有姑娘和父母的偏好、心愿在其中，自选项目，比如“飞刀削来一个美媳妇”就是把烤肉挂起来，比武男子骑马飞刀，扎到那块肉，便选婿成功。

新中国成立以后，赫哲族地区社会活动逐渐增多，未婚青年有更多的交流机会和交流平台，“比武招婿”也随之落下帷幕，渐渐远离现实生活。而如今“比武招婿”又重新红火起来，作为民俗旅游项目吸引了众多游人参与，激活了她的生命力。

二、媒人提亲

历史上，赫哲族“比武招婿”只是婚姻长河中的浪花，而大部分时间和大部分家庭婚姻都是“媒介婚姻”，也就是由媒介人为男女双方搭桥，穿针引线，促成婚事。过去赫哲族结婚没有年龄限制，姑娘多数 14～17 岁就出嫁，尤以 15 岁结婚的人数最多，拖到 18 岁才出嫁的为数不多。习惯上，赫哲族男子娶妻一定要比女方大几岁，很少有媳妇比丈夫大的情况。

一般家庭都是由男方长辈替子侄们说亲，大多数是由父亲或者由伯叔父们请媒人出面，并随同前往女方家中，向姑娘的父母替自己的子侄们求婚。

赫哲族的媒人不是职业人，而多由男方亲戚朋友中能说、会办事的老年男女担当。说媒提亲的程序是，提亲方和媒人去姑娘家时，要携带酒菜，与主人同饮，在酒过三巡时再提出婚事。如果女方父亲同意了，将酒一饮而尽。如果不同意这桩婚事，女方家的父母则以种种理由推辞。如果男方执意要合亲，媒人就一次次再去说亲，直到对方点头时为止。女方父亲同意后，再与女方母亲商量，母亲在女儿婚事上具有一票否决权，如果母亲投赞成票或不坚决反对，再征求女方祖父母的意见，男方提亲一事基本成功。如果母亲投反对票，而且态度坚决，这桩婚事也就泡汤了。赫哲族在婚事上，祖父母的阻力不大，只要父母同意了，祖父母坚决反对的就很少。

三、婚前过礼

过礼是赫哲族婚姻的重要组成部分，是结婚的序曲。过礼分过小礼和过大礼。

亲事说成之后，接着即过小礼。过小礼，赫哲语叫“庙库庙库仁”。过小礼这天，媒人和未婚夫及其父母都要到女方家，并携带酒肉及送给准新娘子鞋袜等物。过小礼时，男女家双方主要商量两件事情：一是男方送给女方的彩礼数目；二是商定过大礼的日期。

过完了小礼，再过大礼。过大礼，赫哲语叫“萨日来尼”。过大礼与娶亲不同，它是介于过小礼与娶亲之间的一种程序，过大礼也是在女方家举行。过大礼时，通常要做两件事情：一是男方家必须把议定的彩礼送到女家，但男方如果实在无力凑足彩礼时，女方家也就不再索取不足部分；二是双方议定娶亲的日期。婚期一旦确定下来，雷打不动，任何人都不能更改，即使是喜日之时刮风下雨，也要按期迎娶。

从前，赫哲人娶亲不计较日子的好坏，后来在汉族人的影响下也开始选择良辰吉日。姑娘出嫁时，娘家也要陪送嫁妆。新娘的嫁妆有人说提前送到男方家，也有人说在迎亲时随身带去，没有严格的规定。

以骨卜为新人择吉日　（图片提供：同江市文化馆）

四、喜庆的婚礼

订婚大礼过后，就要娶亲，举行结婚仪式。赫哲语称结婚“德日灰尼”。赫哲人没有送亲的习惯，不管两地相距多远，男方家必须派人去迎亲。如果当天赶不回来时就提前出发，务必在拜天地前返回家中。迎亲时，新郎一般都是亲自去，但如果确实有事而不得分身时，可由他的弟弟代迎。

赫哲人娶亲主要有三种形式：一是走水路用花船，二是走旱路用

马车，三是冬天走雪路用雪橇。

赫哲族是渔船上的民族，彩（花）船迎亲是传统赫哲族婚礼一道亮丽的风景线。

彩（花）船是用粗柳条搭起的带篷的船。制作时，先割手指粗的柳树枝，将其弯成“∩”形，顶部蒙上红布（鱼皮）或花布做盖，再扎上一些彩布（鱼皮）条。棚的前面是一块固定的彩布，正中挂一朵大红花。棚的后面是彩布做的门帘，供新娘出入。

花船迎亲　（图片提供：同江市文化馆）

一般迎亲是由几条彩（花）船组成的船队，最前边的是动力导航船，负责牵引“迎亲船”，因为彩（花）船经过包装以后不便划桨，所以需要牵引。在彩（花）船的后面是迎亲团和鼓乐队乘坐的彩船，船只的数量根据家庭状况和迎亲团队的人数而定。条件好、讲究排场的人家，搭的彩（花）船也自然多些。

马车和雪橇迎亲同样要搭制彩车和彩橇，方法和制作彩（花）船一样，都是用柳条搭棚，然后用红布（鱼皮）或彩布蒙上盖。彩车套上马，在马的脖子上和拉雪橇的狗脖上系上彩铃，跑起来发出有节律的“叮当叮当”铃声，十分喜庆。

迎亲时，新郎身穿窄袖长袍，肩上斜披着红布，如果走旱路，则骑马走在前面，后面跟着新娘用的彩车，如果走水路便坐在前面的彩船上，要是走冰雪路便坐前面的雪橇上，不管采取什么交通工具都有一位娶亲婆——儿女双全，又会管理家务的老太太押车。

彩车（船或雪橇）到女家后，新郎先向岳父母行礼，然后正式娶亲。新娘身穿宽袖镶花的长袍，头上蒙一块一尺二寸见方的红布，由其兄或嫂抱着上车（船或雪橇）。一切程序过后，新郎就辞别岳父家起程返回，一路欢歌笑语。

迎亲的人们回来后，并不将新娘接到新房内，而是把新娘安置到别人家去。当天晚间，新郎及其亲友等人带着酒肉到新娘临时安身的地方去。当新娘得知新郎家来人时，便把房门关紧，不放来人进屋。新郎在外叫门，新娘就向他们索取“开门钱”。由于这是例行的程序，所以男方必须一一照办。一面在门前燃放鞭炮，一面将红布包着的钱和用萝卜刻成的元宝从窗口送进去，欢闹到天明之时。新娘才将辫子改梳发髻挽在脑后，并穿上红袄、红裤，头上戴花，蒙上红布，打扮停当之后坐在椅子上，由她的兄嫂或其弟弟抬着或抱着上彩车。到婆家门前，新娘又被人抱下车来，然后到拜天地的地方去。

拜完天地之后，新郎在前领路，新娘紧随其后向新房走去。当新郎已进入门里，而新娘还站在门外之时，新郎回过身来用秤杆挑去新娘头上的红布甩在前房檐上。此时，两个结婚的青年人才第一次互相看到对方的面貌。新郎的弟弟、妹妹、嫂嫂等人就把早已准备好的五谷粮——高粱、大豆、小米、玉米、绿豆向新娘头上撒去。同时在门

外敲锣打鼓，燃放鞭炮。据说这样做可以驱除一切妖魔鬼怪，保佑家宅平安。

新郎用芦苇杖掀开蒙头红　（图片提供：同江市文化馆）

一对新人入洞房之后，首先拜祖宗三代，一个非新郎直系亲属的老人，手执约三四尺长的三根芦苇秆，中间扎着三道红布，向新娘讲话。大意是说，新媳妇要孝顺公婆，尊敬丈夫，待人要和气，不要发脾气。要好好劳动，不要偷懒。屋里的话不要向外传，要好好过日子等等。老人训话毕，新郎、新娘在祖先牌位前下跪，并听老人向祖先祷告：新媳妇已经娶来了，从前是外姓的人，现在成了一家人，祖先要好好管教，保佑全家好好生活，等等。

拜完祖先，再拜灶王，老人又向新娘训话：一辈子不离这里，灶火不好烧不要发脾气，每天要给老人烧炕，要不，灶王就要怪罪你……

这一切程序做完之后，新娘才开始坐在炕上，脸朝着墙，背向着外，一直坐到客人离去。当客人全部散去时，新娘下炕与新郎吃猪头、猪尾，新郎吃头，新娘吃尾，表示妻子愿意跟随丈夫好好过日子，夫唱妇随，美满和谐。花烛之夜，两位新人还要同吃喜面，因为面条表示夫妻情意绵绵，白头偕老。可见，赫哲族古老、淳朴的婚礼热烈、喜庆。但对于新婚夫妇是一次体能的检验，如果身体不佳是很难应对的。

回门。赫哲族也有新郎陪同新娘回门的习俗，但回门的日期不固定。有的结婚第三天就回门，有的一个月后才回去，还有的人根本不回门。新婚夫妇回门后在娘家住的天数也不固定，有的在娘家吃一顿饭即返回，有的住上几天，甚至一个月才返回婆家。回门作为一种新婚后的礼节是有的，但没有严格要求。

历史上，赫哲族通行一夫一妻制，但也有少数人是一夫多妻的。一夫多妻者多为官吏和有钱的人。也有普通人家，或因妻子不生育，或家中缺少劳动者而娶第二房妻子的。

过去，赫哲族也有童养媳的婚俗。童养媳多是由于家中生活困难，不得已将未成年的女孩子送到人家做童养媳。一般人家的童养媳是从幼小时便由男方家供养，长大了给男方家的儿子做媳妇。童养媳的待遇因家而异，条件好的家庭而且父母心地善良，对童养媳会像自己孩子一样照料，如果父母德性差，为人不善，童养媳便掉进苦海，失去天真活泼的童年和少年。童养媳长大后跟儿子成亲，也举行结婚仪式，但仪式比较简单。

赫哲族也有入赘为婚的。凡入赘的都是家中没有男孩，靠女婿养老。赫哲族对入赘的女婿比较宽容，很少受到邻里的歧视。

赫哲族对寡妇改嫁没有严格的限制，也不歧视，所以不改嫁的寡妇较少。寡妇改嫁一般不举行结婚仪式，只邀请亲朋好友喝酒以示告之和庆祝，并以此得到社会认可。

第二节　赫哲族婚俗演奏曲

婚俗是社会时代演变的温度计。自近代以后，赫哲族的婚俗经历了一个从简单到烦琐，然后再回归到简单的历史过程。

一、婚姻与自然相约

赫哲族早年婚姻礼仪比较简单。据曹廷杰在《西伯利亚东偏纪要》中曾对赫哲族婚姻形式做过描述："聘娶，男携酒壶入女家，先饮，后议银两数目，上者以绸缎羔皮代，次以布。女与父母俱允，即同宿一夕，再约期送女，不亲迎。时有同妆妇女三四俱乘船至门前，步行入户。女即执酒敬客，客以布为礼，亦敬翁姑兄嫂。陪嫁用桦皮为筐莒木杓。"

可见，赫哲族的婚姻如此之简单，仅用短短百余字就把赫哲族原生态背景下的提请、过彩礼和迎娶表述得明明白白。

原生态背景下赫哲族婚姻比较宽松，并不是难以打破的桎梏。

据老年人讲，过去赫哲人的离婚比例比较大，约占结婚人数的三成左右。很早以前，夫妻双方愿意离婚时，要向氏族长报告，如果女子不愿离时，由氏族长判决离与不离；女子犯奸，须有可靠证据方得离婚。离婚时男方要有休书凭据，并系在一块桦树皮或皮革上，打右手手印一个，左足足印一个，其意义表示右手将妻打一巴掌，左脚再将其踢出，休回娘家，任凭改嫁他人，这种休妻方式很有自然韵味。

赫哲族寡妇可以改嫁，很人性。离婚的礼节与初嫁时相若，唯有马车（船或雪橇）上无篷彩。寡妇离婆家时，为翁姑装烟倒茶后下堂即走，娘家所陪的嫁妆不得携带，只身而行，净身出户。如果当了母亲，有吃乳小孩，并须把孩子带走，直到断乳后送回婆家。

娶寡妇者有时须至寡妇的婆家求婚，也有的娶到家以后，再与其翁姑见面，以表示对妻子前夫家的尊重。赫哲族娶寡妇以续弦者为多，初娶者较少。有时丈夫夭折、病亡，丈夫的弟弟如果尚未娶妻，可以娶嫂子为妻，也可以哥哥娶兄弟媳妇为妻，甚至允许翁媳相配，也不被耻笑，他们叫作“西勒弥”俗，这种婚姻矛盾内部消化的办法，带有明显的原生态文化韵味。

二、婚姻文化元素增量

随着赫哲族地区经济文化发展，婚姻的社会元素也随之增加，从择偶、订婚、过礼到娶亲，日渐烦琐，讲究多了，场面也大了，更加注重“面子”。这主要是受汉族、满族文化影响，赫哲族人口稀少，本民族的通婚圈日渐狭小，加之所居社区处在一个开放的社会里，赫哲族的男子开始在其他民族中寻找女性，而姑娘则物色自己喜欢的“白马王子”，不同民族通婚都要加进各自的文化元素，因此，赫哲族婚俗中逐渐注入了汉族和满族的文化成分。以揭盖头为例，满族和汉族的男女结婚仪式后进入洞房，新郎揭去新娘头上的红布，后来传入赫哲族，但是揭盖头的时间和方式有差异。在街津口赫哲人是用秤杆去挑，并甩在前房檐上。在八岔村赫哲人是用一根棍挑起，扔在房门屋顶上。而在四排村赫哲人是用马鞭子将红布挑起。

最初，赫哲族结婚是娘家把女儿送到男家。后来，在汉满文化影响下，男方要去迎亲，并效仿“花轿”，创造出“彩船”、“彩车”和“彩橇”，使婚礼更加隆重和喜庆。一个婚姻变化的元素是一个跳动的

文化音符，她演唱出赫哲族不同历史阶段的婚姻协奏曲。

新中国成立后，赫哲族受社会新风俗的影响，婚俗也发生了明显的变化，即由包办婚姻、买卖婚姻变为自由婚姻。被捆绑的男女婚姻得到了解放。结婚仪式更具时代气息，大多数人的婚礼是在学校教室、俱乐部、礼堂或餐饮大厅等公共场所举行，免去了过去结婚仪式中的陈规旧习。

三、爱情插上放飞的翅膀

人类从崇尚天真的文化指令到信服现代信息，无不乘着时代前进的列车，无不插上腾飞的翅膀，爱情也同样如此。赫哲族年轻一代赶上了一个好时代，他们放飞爱情的翅膀，超越民族、超越距离、超越年龄的限制，按照各自的理想去追求幸福。

赫哲族作家孙玉民，在他的散文集《碧绿的明冰》中讲述了一个真实的、感天动地的爱情故事。故事的梗概是这样的：在同江市赫哲族民族乡街津口有位24岁的赫哲族女青年依玛娜，她从小喜欢书法绘画，并继承了父亲工艺品制作的技能，高中毕业后她自费到沈阳鲁迅美术学院学习两年，回乡后潜心研究用鱼皮质料作画及制作桦树皮工艺品、鱼骨工艺品，创办了“赫哲族鱼皮画工艺坊”，为赫哲族如火如荼的旅游事业增光添彩。

2001年3月的一天，依玛娜的手工艺坊来了一位陌生的游客。这人自我介绍说，他来自祖国的宝岛台湾，叫于秋明，22岁，是民族工艺品的收藏家，并开了一家民族工艺品的专卖店。这次他不远万里从台湾来到街津口，就是从网上看到依玛娜鱼皮画广告信息慕名而来。于是俩人亲切地交谈起来……

于秋明回到入住的宾馆，夜不能寐，依玛娜身着美丽的赫哲族服装，如彩虹般美丽，她脸肤白皙丰满，浓眉大眼透出亮光，举止端庄，谈吐优雅，显示出高雅的气质和丰厚的文化底蕴，仿佛一幅山水画挂在眼前……于秋明心神不定，在房间里踱来踱去，依玛娜的影子模糊了他的眼睛，朦朦胧胧的驱不走，忘不掉。于秋明失眠了，毫无困意，他打开了思绪的闸门，伏案疾书：

你从传说中飘来
圣洁是你的身姿
你手中画笔传承民族的历史
弥补着他乡的空白
你用如花的微笑
填平了隔离的大海

于秋明原本计划在街津口逗留两三天的时间，不知不觉一晃半个月过去了，可是，于秋明全然不知时钟“咔嗒咔嗒”不停地向前移动着。他每天的“钟摆式”运动——宾馆——依玛娜工艺坊——宾馆，成了规律。一天，依玛娜突然发问：于先生不是说在这待两三天吗？为什么待这么多天还不走啊？

于秋明脸刷地红到了脖根，稍微调整了情绪，以攻为守地说：“难道你不欢迎我，还我是打扰了你的工作？”

依玛娜的脸也红得像一张红纸，慌忙解释说：“那倒不是，我随便说说，你千万别介意。”

于秋明从依玛娜的神态中敏锐地察觉到了一点意思，便紧跟上一句：“街津口这地方太美了，比日月潭还自然，真是山美、水美……”然后，他故意停顿一下，看了一眼依玛娜，加重语气说，“人更美！”

依玛娜虽然是24岁的大姑娘了，但自从高中毕业进修回来后便一头扎在她的鱼皮画工艺坊里，专心攻克艺术难关，前移奋斗目标，不断冲击，无心谈情说爱。于秋明这个暗示，像一块石头落在自己的心里，激起了不大不小的浪花，她感到有一股暖流涌进了血液中，心跳加快、加热。聪明的依玛娜很快恢复了平静，她知道街津口和日月潭隔山跨海……

但是，两个人的心却不知不觉地被鱼皮画紧紧地拴在了一起，他们从画室走出庭院，相约在山间的小溪旁，默默地看着清清的溪水吞噬着被春阳融化掉的冰雪，一块一块地散落在溪水中，有她加入，溪水被壮大了，流量和流速都在加快着……他们站在村北的石桥上，谈论理想、人生，还有爱情观。依玛娜扶着白石桥的护栏，自言自语："这里是我人生的起点，这座石桥把街津口与大千世界相连……于秋明眷恋这块黑土，更眷恋这块黑土上盛开的鲜花。他也在自言自语，桥和船都是过河的工具，把两个人的心连在一起也要架桥，不过那不是钢筋水泥，而是用心血和真诚来造……"

时间是最吝啬的老人，一点面子都不给。可是对于两个情投意合的年轻人，60个日夜却像昨天刚刚见面，太快了，太快了！于秋明不停地重复着，台胞证有效期到了。临别那天，于秋明从依玛娜的工艺坊买了几幅鱼皮画。依玛娜送给他一幅含苞待放的迎春花鱼皮画做纪念。

依玛娜和于秋明是在村北石桥挥手话别的，于秋明握着依玛娜的手，深情地说："如果赫哲族的鲜花喜欢绿叶陪衬的话，我愿意娶她为妻，终生为伴。"

依玛娜充满深情，缓缓收回被于秋明握紧的手，轻声细语：你回去天天看我送你的这幅画吧，什么时候她盛开了，你也就如愿了！

于秋明带着一片深情的眷恋回到台湾，可是他的心却留在街津口。于秋明每天早晨睁开眼睛第一件事情就是看那含苞待放的鱼皮画，然后给依玛娜打电话，问候早安。每天在入睡前再重复一次早晨做的两件事。两个月后的一天早上，于秋明刚刚睁开眼睛，突然发现画框中的鱼皮画花骨朵竟然神奇般地盛开了，他不敢相信自己的眼睛，揉了又揉，擦了又擦，洗了又洗，看见那张大的花瓣粉里透红，晶莹的露珠在花瓣上滚动……他抓起电话拨通了对方的电话，兴奋不已：阿娜，花开啦，开啦！

电话那边，依玛娜开心地笑了：那朵花盛开了，就是笑了，笑了她就说了，如果你是真心实意的，她愿意与你相伴终身。

就这样，俩人走到了一起，两颗跳动的心，频率归一了。

老天总是有眼，总是照顾那些心地善良的人，2002 年第二届全国少数民族博览会在于秋明的家乡台湾桃园举行，依玛娜被选为赫哲族代表参加。于秋明得知这消息高兴得蹦了起来，两人商定婚礼就在博展会期间举行，并分头向当地婚姻管理部门提出申请。多年来两岸人民坚持不懈地努力，两岸往来减少了许多障碍，于秋明和依玛娜获准结婚。

2002 年 10 月 1 日，在博览会的大厅安排了一场特殊的节目——于秋明先生和依玛娜小姐婚礼。在人山人海中，一对身着结婚礼服和婚纱的情侣臂挽着臂，伴着众人欢呼的热浪走了婚礼高台……他们被中外记者包围着，闪光灯闪个不停……

这是一个真实的故事，是赫哲族婚姻巨变的故事，是值得赫哲族渔民骄傲的故事。

第三节 温馨的生活港湾

家庭是以婚姻关系、血缘关系为纽带编织而成的社会最小细胞。这个细胞组织有夫妻、父母、子女及其亲属共同生活在一起，被人们普遍称为温馨的生活港湾。然而，她并不平静，有时也会激起波澜，

甚至掀翻了前行的船。

一、传统大家庭的裂变

赫哲族母系氏族社会延续的时间比较长，直到明清之际，分布在黑龙江中游同江、抚远一带的赫哲族人，仍保持着母系氏族社会的遗风，父子不亲，夫妻无别，男子如娶女子为妻，若妻子在姐妹中排行老大，妻之妹皆随其为妾。所以在当时，有人妇妾多达10多个。

赫哲族进入父系宗法氏族阶段以后，以父亲为核心的家庭制度牢固确立起来，父亲是一家之长，权威很大。在氏族内有必须严格遵守的规矩，比如氏族内禁婚，氏族审判、氏族崇拜、寡妇内嫁、亲属继承财产等，氏族法也是家规家法，因为赫哲族的氏族（哈拉莫昆）是一个放大的家庭。直到清朝，赫哲族被大批编入八旗后，社会事务逐渐改由八旗衙门管理，赫哲族的这种大家庭氏族组织才逐渐瓦解，到清朝末年氏族组织已失去作用，赫哲族家庭也随之衍变。到了清末民初时期，赫哲族家庭规模也由大到小，关系由复杂到简单。

当时，赫哲族家庭生活条件有限，常有一屋之内铺设数炕，一炕为一个家庭。普通家庭为夫妻和未成年的儿女及无依无靠的亲族所组成，也有数十人的大家庭，并蓄有奴仆若干。一家之中以父亲为家主，权威甚大，管理所有财产和奴婢。

在赫哲族家中虽然父亲具有很大权威，但妇女地位与男人平等。丈夫的收入大都须交妻子管理，饮食起居，男女享有同等待遇。家中来了客人，男女都可以出面接待，没有主次之分。但受宗法残留影响，女子不得参与家祭活动，尤其是妇女来月经时须回避一切祭奠，女子与家人可同桌进餐，但不得与其大伯同桌，成为禁例。

赫哲族家庭重视孩子成长，给予特殊照顾，而且没有性别偏好。早年时，赫哲族家庭对子女教育是一片空白，到六七岁或七八岁即入山随父狩猎，十二三岁做放马烧饭工作，跟父学枪打野鸭、山鸡，父亲根据孩子成熟情况，决定学习打些较大猎物，比如狍子、狐狸等。

赫哲族家庭的日常生活很平静，日出而作，日落而息。男子捕猎之余在家通常做些制皮工作，女子操持家务，缝制衣帽与制作肉干等工作。闲暇时，家人同在一起听老人说唱“伊玛堪”，或是轮番唱歌，高兴了就跳起来，有时家里人也做些游戏。

赫哲族的家规十分严格，虽然没有文字写在纸上，却深深刻印在家庭成员心中。比如父亲和家叔处罚子侄时，家人不能出面讲情，父母也不能阻拦。赫哲族也有“娘情舅大”之说，当父亲伯叔对子侄进行处罚，如罚儿子下跪，舅父也能做主将外甥释放。

在传统赫哲族大家庭中，儿媳地位卑微，不能随便进公婆的房间，平时要给公婆倒水、装烟，不能与公婆同桌吃饭，吃饭时，要站在饭桌旁伺候，不能丝毫怠慢，等待全家人吃完了后，儿媳才能到外间屋里去吃饭。公婆可以打儿媳。弟媳不能与夫兄闲聊，如果有事须商量时，只能找别人代为转达，弟媳也不能打夫兄的狗。小叔子可以和嫂嫂开玩笑，但对年长的嫂嫂要尊重，赫哲族也有“老嫂比母”的风俗。

赫哲族家里摆设比较简单，柜子、被褥等一般多放在炕的一端，或在屋地靠墙架起一长条板，将被褥折叠起来摞其上。屋地靠墙放一张方形桌子，桌上摆设钟表、装饰瓶以及女人梳妆用具等。早年将祖宗和各种神灵供奉在西屋的西墙上，其他用具、食物及用品均放在鱼篓子里。

家庭成员的起居很讲究，如果是三间房，老年人住西屋。如果是南北两铺炕，习惯上老人要住南炕，如果是一铺炕，老人住在炕头，未结婚的小儿子、小姑娘挨着老年人睡，大儿子、大儿媳要睡在炕梢，切忌夫兄和弟媳睡在一炕上。

赫哲族这种传统的大家庭，随着新中国的成立，逐渐裂变为小家

庭，兄弟姐妹结婚后各过自己的日子，父母也少操劳。家庭成员的简单化也使代际关系缓和了许多。不过，这种传统大家庭的烙印还深深地印在赫哲人的心里，亲属之间有了事情，仍会展示“上阵父子兵”的场景。

二、现代家庭小型化

赫哲族的传统大家庭随着社会的进步逐渐瓦解，取而代之的是现代核心式小家庭。

20 世纪 80 年代以来，赫哲族家庭户规模发生明显变化。据 1982 年统计，平均每户 4.5 人，目前已经下降到 3.6 人，平均每个家庭不到两个孩子，而且独生子女家庭逐渐增多。

家庭人口数量的减少，淡化了家庭中的各种规矩，有些禁忌自然解除了。

赫哲族家庭紧随现代社会的脚步，呈现出家庭民主，代际和谐，邻里亲善的氛围。父母教育子女、子女孝敬老人，兄弟姐妹、亲友邻居互相尊重，互相爱护的新型家庭关系基本形成。

赫哲族家庭的人数在减少，但家庭成员的民族成分日趋多样。比如街津口有个吴姓大家庭，户主，54 岁，赫哲族，主要从事捕鱼，妻子 51 岁，赫哲族，从事家务。这家生育 4 个孩子，长大成亲后各自组建家庭。一个家庭母本孵化出 3 个核心式小家庭，都是“团结户”。长子，25 岁，赫哲族，子承父业，从事捕鱼；长女，35 岁，赫哲族，全职太太，操持家务，长女的丈夫，36 岁，汉族，耕种土地。二女儿，31 岁，赫哲族，也是全职太太，操持家务，丈夫，33 岁，也是汉族，跟随岳父学到了捕鱼技术，当起“鱼把头”。老汉的三女，28 岁，赫哲族，也在家当全职太太，三女儿的丈夫 30 岁，也是汉族，与岳父合伙互助从事捕鱼。这个大家庭共 13 口人，每个小家庭 3～4 人，是典型的赫汉团结户。

现代赫哲族家庭 （许丛军摄）

随着“婚育新风进万家”、“惠家工程”和“创建幸福家庭”等活动的开展，赫哲族家庭先进文明的生育价值观正在形成。据同江市人口计生部门“百户家庭价值观念调查”提供的信息，赫哲族家庭观念发生了根本性变化：

一是家庭对子女数量和性别的要求理性化，想要两个孩子的，占 52.52%；只想要一个孩子的占 39.92%。对子女性别没有刻意追求，主张顺其自然的占绝大多数，对子女性别无所谓的占 47.48%，想要 1 男 1 女的占 31.93%，想要 1 个男孩和想要 2 男 1 女的合计仅占 15%。

二是文化程度高低对家庭价值取向有重要影响。在调查中，具有大专文化程度的人群中，想要 1 个孩子的占 63.6%；具有高中文化程度的想要 2 个孩子的占大多数，占该文化程度人数的 94.6%，而有小学文化程度的想要 3 个孩子的比例明显增多，文盲想要 3 个孩子的不仅比例最高，而且也十分关注子女性别，特别想要男孩和儿女双全。

三是家庭的发展理念与职业有密切关系，依靠子女致富和改变家庭命运的观念还有一定市场。家庭对孩子的依赖程度由低向高排列依次是，医务工作者、服务行业工作者、个体劳动者、公务员、农民、

渔民。把希望寄托在孩子身上最高的人群是普通渔民和农民。

三、生老病死话今昔

家庭承载着生老病死的喜悦和痛苦。在灾难深重的旧社会，赫哲族女子如果到30岁不怀孕生孩子，大多认为自己没有“转生的灵魂”，于是请萨满登门找魂求子。在“跳神裙”的飘带上挽一结，待萨满回家至神杆前问此结何人所挽？跟随其后的求子妇女当即叩头许愿，如得子后，要敬献猪、羊等物。萨满则击鼓求神，命其于三四日后来其家取胎儿的灵魂。

求子仪式各地不一，有的在跳鹿神的当时举行，有的在跳鹿神后的三四天举行，有的在撂“档子”时举行。这种求子仪式被称为“捉雀”。赫哲族认为小孩死后，魂变成了鸟雀，所以有鸟雀飞进屋内时，不准捕捉。有小孩的人家还在“送子娘娘”背后竖立的杨柳枝杈上扎一个鸟巢，作为小孩灵魂的寄托处。所以赫哲族家中都要供“送子娘娘”和“伴小孩神”的神灵，以保佑妇女生育。这种信仰在现代赫哲族家庭中逐渐消失。不孕不育的夫妇都去医院或计划生育生殖健康中心做检查，对症治疗，求助先进的医疗技术解决。

人必有一老一死。现在赫哲人都知道这是不可抗拒的客观规律。人死了以后或是深埋，或是火葬，仪式也简单了许多。但是，在新中国成立以前，赫哲族家中死了人有着独特的习俗。如果家人在狩猎时，死于山中，则以桦皮或树枝把尸体包裹起来架到树上，待两三年后埋葬。如果人死在家中，停放三日后埋葬。死于非命者隔日埋葬。死于痘疹或痨病者当日火葬，以防疾病传播扩散。一般人死后，要把尸体移至木板上，一端放在西炕上，一端用东西支起来，尸体要头朝西，脚朝东，意思是这个人从东方太阳升起的地方走到了落日的西方，命归西天了。在死者的头前放一张桌子，供祭品，日内亲友相继吊唁，

死后第三天午前或午时入殓。入殓前，由亲友两人抬头，两人抬脚，两人抬腰，孝子捧头，抬尸在室内由左向右转三圈。盖棺时，棺材头夹椴树皮一条，长约五尺，由死者家属拿着，萨满祷告完毕前，割断树皮，以表示死者阴魂不留在家中。

出殡时，若死者是外姓人，则要将尸体由窗户抬出。送尸体入墓地的途中，多是儿子、儿媳、侄子等晚辈人抬尸体至墓地，墓地一般都选在村屯西面高岗处。

不同的家庭条件，死者的待遇也是不一样的，所以死人出殡也是炫耀家庭实力的场面。凡贵族富户的老人死亡殉葬之物甚多，最富者用“莫林”（马）、“一罕”（牛）、“伙尼”（羊）、“五尔见”（猪）、“替库”（鸡）、“聂合”（鹅）等各种动物殉葬。葬前，富有人家在院中搭一个高台，请萨满，有的请男女萨满各两名跳神，唱神歌，使亡人到了“依木尔汗”（阎王）处不致受罪。然后由亲友中的长者，手持三根缠有红布的芦苇，当香焚烧，站在棺材前祷告，要死者保佑全家平安无事。埋葬后，死者的妻子剪头发一小束，系于一根小棒的上端，插于坟上。

赫哲族早年埋葬死者无棺材，只是挖个长方形的坑，四周用原木砌成槽子，将尸体两肢屈膝仰卧放于墓中，并将死者生前用过的一切器具均放入墓内做陪葬品，上边搭棚做盖，再增成隆起的土堆而成墓。后来受满族、汉族的影响，开始盛行以棺材埋葬。小孩死后不埋葬，而是将桦树皮卷起并捆扎好，挂在树杈上，认为孩子灵魂小，埋在地下灵魂出不来，唯恐不能再生孩子。

赫哲族在男人死后的第七天和女人死后的第九天的晚上，家里的人要迎接死者的灵魂归来，在死者生前睡觉的地方铺褥、放枕，并在旁边放一张供桌，供上食物和一杯酒，每日供食、斟酒三次，焚“僧其勒”香草，即所谓撂“档子”。如第二天早晨，看到酒杯中的酒少了

或泼在外面，就认为死者的灵魂回到了其投胎时的地方，这是灵魂不死的表现，也叫“出魂”（第三个灵魂），即向死者灵魂告别。撂“档子”也就是送死者的灵魂去阴间，一般于死后百日办理此事，后来改为在一周年、两周年、三周年时举行。

撂“档子”（送魂、送第二个灵魂）要举行隆重、严肃的仪式。用苇席或白布在家中的院子里搭棚，用木头做一个人偶（“木古法”），穿戴起来代表死者，放在棚中，请送魂萨满在“木古法”旁边喃喃自语地跳三天神。有的地方不搭棚，只在死者住过的屋内举行。撂“档子”的第三天晚上，将“木古法”放在“拖日气”上送走。“送死者灵魂去阴间的时候，萨满站在高处或搭的高架上，要向西方射三箭，指示死者的灵魂朝着第三箭射的方向走去”[①]，萨满自称将死者的灵魂送到阴间。最后由全家人在墓上处理撂“档子”所用的物品和脱孝服，早年是把撂“档子”所用的被褥、衣服等全部烧毁，让死者领受，后来改为转送他人。

现在，赫哲族家庭中“生老病死”的礼节仪式已经不那么烦琐和神秘了，现代信息和先进文化的注入，使赫哲族家庭文化发生巨变，快乐生活成为时尚。

---

① 刘忠波．赫哲人．北京：民族出版社，1981：53.

第五章

扬起改革帆　驶向幸福港湾

改革开放的春风融化了黑龙江、松花江、乌苏里江碧绿的明冰，在党和政府富民政策的指引下，勤劳勇敢的赫哲族儿女做“山水文”、念“旅游经”、打“民族牌”、走“特色路”，开历史先河，创造了有中国特色的一个又一个人间奇迹。

第一节　“12167”工程开辟新天地

党的勤劳富民政策，乘着改革开放的春风吹开了赫哲族百姓的家门。进入21世纪以来，政府全面实施“12167”转产工程，即以家庭户为单位，实现每户1条机帆船、两头牛、1000根木耳段、60亩耕地、7亩经济林。每个赫哲族家庭都成为集农林牧副渔为一体的现代“家庭农庄”，家庭收入就像股票市场中的“牛市”一样，直线攀高，2005年实现人均收入5000元，2010年又翻了一番，家庭人均纯收入突破1万元大关。

一、一花引来百花开

“腰包”鼓起来的赫哲人不甘寂寞，走出家门看大千世界。一批批

的学习考察团到东南沿海发达地区开阔视野，舒展胸怀。长了见识的赫哲族渔民李志刚回到街津口后，率先在“赫哲族风情园”创办了一家饭店，“烤塔拉哈”、“刹生鱼”、“凉拌鳇鱼子”、“和和饭”等赫哲族独有的美味佳肴摆上了客人的餐桌，来客赞不绝口。

众人拾柴火焰高。他用美味和诚信凝聚了人心，把李志刚的饭店经营得红红火火。开张的第一个月就进账3万多元，不到一年的功夫就收回了全部投资。李志刚满脸喜悦，逢人就说：是政府给了我们渔民好政策，是我抓住了好机会，如果像过去那样，只知道下江捕鱼，靠江吃饭，不会有今天的好日子。现在，每天晚上关上店门我就是数钱……说着，他不由自主地笑出了声。

“一花独放不是春，百花盛开春满园。”

李志刚家的饭店门前车水马龙，到了一桌难求的程度，客人必须提前三五天预订。乡里乡亲看在眼里，喜上眉梢，便纷纷装修房屋，搭台筑灶，燃放鞭炮，一个个“农家小院”、“铁锅炖鱼”、“赫哲鲜鱼馆”、“鱼汤面馆”……如雨后春笋。赫哲族人用智慧和胆识，用勤劳和汗水在街津口小镇上构筑了一条鱼味飘香的美食街。20多家以鲜活鱼、本地散养的笨鸡和红色蛋黄的鸡蛋、鸭蛋，鲜蘑、山野菜为主打的绿色农家美食，吸引了成群结队的客人，生意做得十分火爆，每个饭店一年下来纯收入都在5万～10万元。

二、“繁荣”号驶向幸福路

尤老汉的大名叫尤玉发，年轻时他划着木制小船撒网捕鱼。新中国成立后，国家下拨给街津口乡一艘大货船——“繁荣”号，供赫哲人运输、捕鱼使用，尤玉发担任了首席驾驶员，后来荣升为船长。“繁荣”号十分繁忙，尤玉发每天驾着这艘货船往返同江市与街津口，运送建筑材料、粮食、蔬菜和日用百货。街津口与同江市相距100多里，每天发船时都免不了有乡亲们搭船去城里办事或访亲拜友，心地善良的尤玉发总是笑脸相迎，挥手相送，要是有人托他到城里捎些日用品，老尤从不拒绝，赶上装船卸货忙的时候，他宁肯不吃不喝，连走带跑也要把乡亲们托付的事办妥。尤玉发靠几十块钱的工资养活六口之家，日子过得紧巴巴的，可他从未向乡亲们伸过手，凡搭船进城的分文不取。老尤心里有杆秤，“繁荣”号是党和政府给赫哲族百姓的，以权谋私、丧良心的事不能干。他相信，“繁荣”号一定会载着赫哲人驶向幸福的港湾。

改革开放搞活了街津口的经济，高等级公路通到了赫哲人的家门口。“繁荣”号遭到了冷落。尤老汉也成了“大闲人”。

山重水复疑无路，柳暗花明又一村。

面对市场经济大潮的挑战，年过半百的尤玉发鼓足了劲，挺起腰板，迎着改革浪潮向前冲，成了时尚的“弄潮儿”。他盘算着街津口旅游业的发展，决定承包这艘“繁荣”号，变闲置货船为观光游览船。尤玉发的想法得到了乡政府的支持，并签订了承包合同。

尤玉发心灵手巧，吃苦耐劳。他精心设计，巧妙地把一艘货轮改装喷漆，包装成一艘豪华游轮。从此，老尤做起了旅游生意，他既驾船又当导游，既当师傅又带徒弟，既当老板又当伙计。在老尤的带领和积极倡导下，开辟了黑龙江和乌苏里江两岸观光游、游船垂钓游、江上休闲度假游、黑龙江“三花五罗”美食游……一艘土造的豪华游轮成了江上旅游产品的研发基地，繁荣号再次焕发青春。老尤兴致勃勃地说：一家富了不算富，家家都富才是富！在他的感召下，一些有条件的年轻人纷纷购买旅游船，制造和修复木制渔船，拓展水上旅游项目，唱响了新的“乌苏里船歌”。

街津口的江水旅游，给客人留下了深刻印象：地方不大，风景如画，三面环水，美胜三亚，低碳环保，情暖似家。如今，街津口的水

上旅游项目已初具规模，每年收入 20 多万元。

旅游生意红火了，家庭生活越来越富裕。老尤家的 4 个孩子先后大学毕业，个个出息成国家栋梁，大儿子在大庆一个中学当校长，二儿子在同江市担任人大副主任，大女儿是人民教师，小女儿当上了民族乡的妇联主席。老尤虽然老了，但身子骨相当硬朗，心态更是年轻，他一生都把赫哲族发展的罗盘定位在“繁荣号”上，用自己这艘生命的航船，载着全乡的同胞驶向幸福的港湾。

三、“梅花鹿”致富全村人

饶河县四排村是赫哲族集聚地之一。村党支部书记王传峰在组织实施“12167”转产工程时，创办了股份制“梅花鹿”养殖场，带领全村的赫哲人走上了致富路。

王传峰是个传奇人物。他是改革开放以后来到四排村的。1989 年四排村招标种烤烟，他承包 30 亩地，东借西挪买了一台小四轮，种上烟叶，期盼丰收的日子早些到来。可是他连做梦都没想到，从夏到秋，老天没个笑脸时候，整天“哭哭啼啼”，几场大雨下来，30 亩烤烟全泡在水中，分文没收，还欠了两万多元的外债。

王传峰有股犟劲，认准的事套上几头牛也拉不回来。第二年他改种 15 亩黄豆、15 亩玉米，可是，老天就是不肯帮他这个忙，年成平平，自然收入甚微，没砸进去，算是烧了高香。

1995 年黑龙江省民族事务委员会出台优惠政策扶持赫哲族转产。不服输的王传峰抓住机遇率先开荒 200 亩，功夫不负有心人，他终于打了翻身仗，当年收入 3 万多元，成为村里第一个富裕户。王传峰兜里有了钱，办事胆子也大起来，2004 年以后，他不断扩大种植面积，耕种面积达到 400 多亩。王传峰善于学习思考，他在提高装备程度上下功夫，把腰包里的钱花在购置机械设备上，伸长手脚功能。他把机械动力由 12 马力换成 18 马力，把笨犁换成精量点播机，把人背喷壶换成车载喷灌，把人工收割换成大型联合收割机，田间作业全部机械化，实现了粮食产量和收入同步增长，大豆亩产量在 350 斤以上，玉米产量突破 1000 斤，纯收入由 3 万元增加到 10 万多元。

梅花鹿养殖 （图片提供：CFP）

富裕起来的王传峰时刻想着赫哲兄弟姐妹，为了给赫哲族兄弟搭建致富平台，他积极争取到 28 万元的世界银行贷款，创办了股份制形式的梅花鹿养殖场，吸收赫哲族群众参股。梅花鹿由 40 只发展到 100 多只，收到了明显效益。在饲养梅花鹿的基础上，他又扩大养殖品种，引进乌苏里狐貉 300 多只，接着又增加了养猪项目，年收入突破 30 万元。现在，王传峰的养殖场梅花鹿活泼欢跳，狐貉光泽耀眼，生猪肥壮。一个能人激活了全村赫哲人，带动一方，一派繁荣生机。

第二节　绿色观光农业筑牢发展基石

早些年，以渔猎为生的赫哲人不会种地，经常用水产品与商家兑换粮食，供人吃和喂牲口。新中国成立后，赫哲人与汉、满等民族混居，逐步学会了种田。改革开放以后，赫哲人借助三江平原地势平坦、水资源丰富、土地肥沃、气候适宜等自然优势，大力发展绿色观光农业，筑牢了全面发展的基石。

一、田成方 树成行 麦浪滚滚 稻花香

在生产实践中，赫哲人逐步认识到，农业的出路在于机械化、规模化和市场化。于是，他们拆掉“围栏”，打破条条框框，把抓一把直淌油的黑土地流转起来，把土地经营权交给种田能手，让耕地向少数人手中集中，实现了规模经营。

饶河县四排村于春杰是远近闻名的种田能手，他带头承包了800亩耕地，购置5台大型农机具。于春杰用“机器手”代替了人力和畜力，无限延长了人的手臂功能，整合了全村3000多亩耕地，统一播种、管理、收割、销售，降低了生产成本，提高了耕种质量，放大了经济效益，增加了农民收入。于春杰成为一面旗帜，推动了全乡土地流转，目前已有12户人家承包耕地在500亩以上。在赫哲族居住地区建设现代家庭“庄园”已成为时尚。

土地实现规模经营以后，于春杰在当地政府支持下，又前移了发展坐标。他根据三江平原的地理条件，竖起绿色、低碳、集经营与观赏为一体的现代生态农业的旗帜，大搞农田基本建设，耕地有序排列，坡地退耕还林，植树绿化，对原有的低洼沼泽地退耕还湿。金秋时节到赫乡，人们看到金黄色的稻田犹如一片金色的大海，一望无际。游

人还可以到大棚中亲手采摘嫩绿的黄瓜，深紫色的茄子，红黄相间的西红柿，绿叶托起的粉红草莓……既饱眼福，又满足口福。经过十几年的艰辛努力和积累式发展，展现在人们面前的是一幅“田成方，树成行，麦浪滚滚，稻花香，红砖墙，蓝瓦盖，庭院花红柳绿，河水静静绕村庄”的人间仙境。

二、互助合作购机械　“铁牛”田野显神威

土地规模经营呼唤提高机械化水平。赫哲人彻底走出了手工工具时代，进入了机器工具和智力工具时代。在赫哲族集聚的街津口、八岔、四排乡，出现了人心齐泰山移的动人局面。村民互助合作购置农机具，建起了农机合作社，仅街津口乡就有 86 户农民自愿加入了农机合作社，实现规模经营 3.6 万亩。

说起赫哲人互助合作购买大型农机具，还是在自然灾害的重创下，坚定了他们的信心。2010 年赫哲族地区有 12 个村屯发生春涝，江水倒灌，仅饶河县的四排村就有 3500 亩耕地无法播种，大家心急如焚。可是节气不等人，眼看天气一天天回暖，清明在即，地里还积水成片。农民在地头转来转去，急得直跺脚，有劲使不上。村党支部书记和村长一面组织农民筑坝、挖洞、抗洪、排水，一面四处求援，借来挖掘机疏畅渠道，利用水泵排水，一台“铁牛”顶百八个硬汉子，没用几天工夫便把田间积水排得一干二净，跟着就是播种机上阵，抢回了农时，才有了金秋的喜悦。

“铁牛”的神威激发了赫哲人对大马力配套农机具的渴望，他们在于春杰、王传峰等人的带领下，成立了股份制的农机合作社。农民纷纷入股集资，转眼工夫就筹款 80 多万元，手上有了钱，才好开口说话，争取黑龙江省农机局政策扶持资金 50 万元，跑银行贷款也有了底气。他们通过自己筹点、政策扶持点、银行贷点“三个一点”的办法，

办妥了大事情，购置了5台大型农机和配套农具，搭起了农田机械化作业的骨架。从春播、锄草、喷药到收割、脱谷、装袋，全部实现了机械化作业，田里不见人影，只有两台“铁牛”行走，上百亩的地块一夜之间就收拾得干干净净。各家各户再也不用为粮食堆成山而犯难，既不用肩背人扛，也不用讨价还价，合作社负责找到买家，土地出租人只要坐在炕上点钞票就可以了。

三、多种经营应对市场新变化

赫哲人面对变化莫测的市场表现出极大的勇气和智慧，他们以市场需求为目标，用多种经营的策略，打特色牌。在街津口，赫哲人巧妙地发展壮大“林下经济”，拿出10万平方米土地栽植木耳，收获后晾干、包装，投放市场供不应求。在种植木耳的同时，又引进了五味子、刺五加、山葡萄、蓝莓果等林下经济作物。赫哲人高兴地说：植树造林是绿色银行，是为子孙们存款，没想到我们在银行里又种出“钱”来，这些林下产品为我们的储蓄加息了。

赫哲人根据人们回归自然的渴望，瞄准市场需求变化，利用地理坐标，做起寒地黑土绿色生态文章，打“三江水”、“大湿地”、“大顶子山”等特色牌，创办野生动植物养殖场，蜜蜂、野猪、梅花鹿、七彩山鸡等特色产品成为市场抢手货，使赫哲族家庭收入翻番增长，2011年人均收入突破1万元。

著名男高音歌唱家郭颂演唱的《乌苏里船歌》把赫哲族推向了五湖四海，吸引成千上万的宾客来到街津口、八岔乡和四排乡。头脑灵活的赫哲人抢抓机遇，乘势而上，为游客提供各项服务的产业链不断延伸、加长。街津口组建了“鱼皮服饰联合社”，把赫哲族传统工艺美术与特色产业结合起来，研发民族工艺品和旅游纪念品，促进了鱼皮工艺、鱼皮粘贴画、桦皮工艺品等相关产业的快速发展。目前，街津口乡有加工和销售旅游工艺品的农户 10 多家，从事餐饮娱乐业的 42 家，经营游船和出租车业的 100 多家，旅游收入达到 800 多万元。

桦皮工艺品 （图片提供：CFP）

第三节 铸民族魂 强文化力

赫哲族世世代代生息繁衍在三江流域，民族文化至今还深深地印刻着原生态渔猎文化的烙痕。如今，挖掘赫哲文化内涵，筑民族魂，已经成为促进民族地区经济社会协调发展和可持续发展的强劲文化力。

一、民族文化托举风情小镇

街津口是中国赫哲族的一张名片。她，三面环山，一面临水，景色秀丽，是黑龙江省重点建设的旅游文化名镇。

最近两年，街津口的小城镇建设突出了赫哲文化特色，在横贯城

中的主街道设置了赫哲语的街路标志、“赫哲故里”标志性的草雕。在道路两旁有序摆放着赫哲图腾群花盆，五彩缤纷的鲜花象迎接贵宾的靓女，脸上绽放着笑容。在道路两旁的花丛中高高耸起的路灯，是赫哲族女乡长精心设计的赫哲“渔家女”造型，给人带来光明、温馨和希望。

街津口在打造边陲赫哲名镇建设上花了大力气，动了真功夫，通过拆墙、拆障、拓场地，治荒、治裸、变绿地，大树进城，景观入林，实现了道路硬化、空地绿化、庭院美化、楼体亮化。用辛勤汗水和智慧印刷出一张赫哲风情小镇名片。

赫哲风情小镇建设突出了原汁原味的民族性和中西合璧的现代性融为一体的风格特点，辟建了赫哲族原始部落群，再现原生态条件下赫哲族渔猎生活场景，一座座鱼皮撮罗子、地窝子、满族正房，一条条古老渔船，一片片渔网、系挂子，一间间剥鱼皮、梳鱼皮、鱼皮制作的手工作坊，把人带入远古时代，身临其境的神秘感，仿佛穿越了时空。

街津口赫哲族乡　（图片提供：CFP）

与赫哲族原始部落形成巨大反差的是，西方文化打造的异国风情小镇，一幢幢木制小屋坐落在清清小溪旁。木屋在树丛中，有鲜花为伴。屋子里散发出浓浓的咖啡香味扑鼻，强烈动感的爵士乐改变着游人的步履，让人们跟着一起摇动……

来到街津口，你会荡起双桨，沿着赫哲族先辈淌过的黄金水道，追根溯源，一定会有新的发现，会有深刻的反思。

来到街津口，你会插上《乌苏里船歌》的翅膀，落脚在阿尔卑斯山脚下，感受幽静、典雅、自然。

这里，集合了远古和现代的文化元素，还是那句话，百闻不如一见，去吧，值得。

二、破茧成蝶的文化产业

赫哲人把文化产业发展融入原生态的自然景观，用民族文化元素制作出系列的文化产品，让人神奇探秘，深思回味。现已投入市场运营的有歌舞类、婚俗类、祭祀类、体育类等几十种。

歌舞类的文化产品有伊玛堪说唱表演、江畔篝火歌舞晚会，“大顶子山高又高”、“想情郎”、“狩猎的哥哥回来了”、“乌苏里船歌”等优秀歌舞表演。

婚俗类的文化产品有“花船娶亲”、“挑起新娘红盖头”、“比武招婿”等。

祭祀类的文化产品有“萨满显灵”、“供奉器物展”、“述说久远”等。

体育类的文化产品有“欢乐的乌日贡”、“垂钓”、“拉网”、“河滩拉力”、“叉草球”等。

这些文化产品原滋原味，推到市场以后增加了神奇色彩，刮起土著浓重的民族风，把游人卷入赫哲文化旋涡，传承了民族文化，为国

人提供了原生态的文化产品和服务。

2011 年盛夏，街津口试办一场“赫哲风情婚礼”，广告通过网络发出后，报名人数出乎意料，有上千对新婚伉俪预订房间，限于接待能力有限，只答应 68 对伉俪。

“赫哲风情婚礼”按照赫哲族婚礼仪式和程序进行。根据新娘和新郎的要求，迎亲分水路和陆路两条线路，走水路的乘坐彩（花）船，走陆路的坐彩（花）车。他们居住的“农家院”便成了新郎的家。整个婚礼仪式完全按赫哲族原始风俗的底片进行翻洗，既古朴又喜庆。

三、洋溢情怀的渔家小院

改革开放的春风温暖了冰冻已久的赫哲儿女心，敞开了紧闭的家门，天南海北的人从四面八方来到赫哲族的渔家小院，吃住在渔民家里，其乐融融。

这时，赫哲人才猛然发现，家里的几间房和几十米的小庭院竟能成为一种旅游产业，竟能坐在家里“数钱”，他们笑得合不上嘴。

赫哲人淳朴，心地善良，拿了人家钱，就要提供优质服务，让客人感到物超所值，否则心里会很不安。于是，他们掏出积蓄多年的“银两”搞起家庭基本建设，粉刷墙壁、翻新地板、改厨建厕、更换家电、接线联网，栽花种菜、美化庭院，挂出了“渔家小院”、“农家乐”、“水上人家”、“东方第一家”、“东边靠海”……一块块牌匾，名正言顺地做起商服生意。

凡是住在渔家小院的游客都是半个主人，在菜地里可以自选自摘，品尝无公害的原生态绿色菜果。店老板（房东）说，自己家地里种的东西你们在城里花多少钱也买不到，是纯绿色的，吃了尽管放心。如果游客有兴趣，又能起早，可以跟男主人划船撒网，尝尝当“渔把头”的滋味。捕鱼归来，吃过晚饭可选择的活动太多了，特别是“掀盖头”

看一眼赫哲美女，夜里会做美梦，笑出声来，然后到江边参加篝火晚会，狂欢一阵子，会忘记烦恼，消除疲劳……

游人入住赫哲渔家小院预交少量的食宿费，离开时主人会给你一张详细的账单。这张小账单会让游人吃惊地注视着主人，然后说：没搞错吧！太便宜了，不行，不行，你会亏本的。说着从兜里掏出钱，而主人推回客人手中的钱，坚决拒收，真诚地说：吃的都是自家园子里产的，打鱼你们也出力了，收点工本费足够了，希望你们再来，回城里帮忙宣传一下，带客人来，会给优惠……主人和客人成了朋友。

第四节　三江汇聚人气旺

黑龙江、乌苏里江和松花江在赫哲族的家乡——同江市汇合，相近黑、蓝、黄三种颜色的江水带着不同民族的文化元素滚滚而流，在这里汇聚成人流、信息流、资本流，凝聚成巨大的文化力，推动着赫乡走向新跨越。

一、站在同三公路起点向文明出发

“同三公路”连接黑龙江省同江市和海南省三亚市，是贯穿中国东北和西南的公路大动脉。同江是“同三公路”东北端的起始零点，高耸入云的“同三公路”标志向天而立，象征公路盘旋而上的标志映入蓝天的尽头，仿佛是传说中的赫哲仙女回归登天想往。整个标志性建筑坐落在方向盘造型的圆形广场和中心花坛中。

“同三公路”标志性建筑广场，如今已成为赫乡风情的一大景观，赫哲族博物馆，赫哲渔皮、桦皮产品营销中心，赫哲风情民俗旅行社，宾馆、餐饮、冷饮配套服务应有尽有。广场上国内外游人云集，准备

一饱眼福的人在码头上排着长队，等待乘船去“三水一线天”，探索三江融合的奥秘。

同三公路起点的纪念碑　（王景和摄）

从三江口到三亚，相距几千里，一边是江，一边是海，江河最终要流入大海。从三江口出发，就是带着希望出发，把赫哲文化融入大海，去增加现代文化元素，创造属于赫哲族新的时代文明。

从三江口到三亚可选择空中航线，快捷省时，能鸟瞰祖国的大好河山，但缺乏细致；乘火车舒适安全，但夜间行车占据大半时间，不能随心所欲；只有乘汽车从零点出发，走走停停，停停走走，悠闲从容地摄影、访谈，才能近距离地感悟沿途风光和民俗文化，目睹社会主义建设的辉煌成果。所以，还是开着车子穿越一次吧！

“同三公路”起点期待八方宾客的到来，驾着爱车或乘坐“大金龙”，向现代文明出发吧！

二、搭乘迎亲的花船向幸福出发

迎亲的花船都是普通渔船改装而成，红色彩带和五彩缤纷的彩色气球在船舱上迎风飘舞，大字号的红色“喜”字牢固地贴在船舱口，船舱里摆放着万紫千红的鲜花，还不时传出悦耳的赫哲族民歌。准备结婚的年轻情侣可以报名参加赫哲族水上集体婚礼，享受花船迎亲的快乐。结了婚的人也可以补办一场花船娶亲婚礼，弥补婚礼中的遗憾。如果有男士单行，可以大胆地挑选赫哲族姑娘当新娘，乘着花船娶一回亲。虽然这只是一段水路的船上婚礼节目。不过你真是单身的话，说不定会有意外收获，娶个漂亮的赫哲女为妻呢！祝愿有情人终成眷属。

在码头等候的花船要比最初的花船更加夸张，有龙身、孔雀和仙女三种标志，龙身表示新娘是来自黑龙江边，美貌动人，但性格刚烈；孔雀开屏表示新娘来自乌苏里江畔，姑娘性格温柔，心灵手巧；仙女腾云驾雾，表示新娘来自美丽的松花江边，是仙女下凡，性格内敛、含蓄。游人可根据个人的喜好，自由选择花船。人生一回，难得乘上花船向幸福出发！

三、憧憬未来向自然出发

后工业化时代使得人们生活越来越富裕，越来越安逸，但人们却越来越不满足，感到离大自然越来越远，而赫哲族却能创造出人与自然的亲近感。他们用聪明的智慧和辛勤的汗水，架起了远古与现代相通相融的桥梁，编织着一条条人与自然心心相印的纽带。

赫哲人亮出了品牌，竖起了旗帜，“不做第一，只做唯一”。赫哲族是一个能歌善舞、热情好客的民族，他们已经放开喉咙高歌，举手投足跳起了舞，欢迎各民族兄弟到街津口，到八岔乡，到四排乡，到

敖其村，游静美三江，探神秘赫哲，追寻最后的鱼皮部落，体验古老淳朴而又鲜活的渔猎文化。

滚滚东逝“三江”水
那是赫哲渔民哭泣的泪
在暗无天日的旧社会
赫哲人艰难度过年年岁岁

滚滚东逝“三江”水
那是赫哲渔民兴奋的泪
一轮红日东方起
赫哲兄弟重现主人地位

滚滚东逝“三江”水
那是赫哲渔民激动的泪
甩开臂膀建家园
改革春风吹开你的心扉

滚滚东逝“三江”水
那是赫哲渔民幸福的泪
“四排”五谷丰登产业兴
城中花园“敖其”风景美

滚滚东逝“三江”水
那是赫哲渔民创业的泪
绿色环保“街津口”

“八岔”湿地让你的心儿醉

滚滚东逝“三江”水
那是赫哲兄弟祝福的泪
科学发展天地美
六千儿女举起欢乐的酒杯

来吧
朋友
让你心儿醉

参考文献

1.《赫哲族简史》编写组．赫哲族简史．北京：民族出版社，2009.

2. 孙玉民．碧绿的明冰．北京：中国戏剧出版社，2010.

3. 姚中，王吉厚．赫乡散记．香港：天马出版有限公司，2005.

4. 徐杰舜．一方水土养一方人．哈尔滨：黑龙江人民出版社，2005.

5. 何学娟．濒危的赫哲语．哈尔滨：黑龙江教育出版社，2005.

6. 张敏杰．赫哲族渔猎文化遗存．哈尔滨：黑龙江人民出版社，2008.

7. 龚强．冰雪文化与黑龙江省少数民族．哈尔滨：黑龙江人民出版社，2008.

8. 凌纯声．松花江下游的赫哲族．南京：中国科学图书仪器公司，1934.

9. 舒景祥．中国赫哲族．哈尔滨：黑龙江人民出版社，1999.

10. 赫哲族档案资料．同江市档案局提供．

11. 第一、第二、第三、第四、第五、第六次全国人口普查资料．

后记

赫哲族世世代代居住在黑龙江、乌苏里江和松花江流域，是一个渔猎民族。他们有苦难的过去，有幸福的今天，他们坚韧顽强地繁衍生息，将原生态文化传承到了今天。

中国人口出版社把《赫哲族》撰稿的任务交给了我，对我虽然是最大的信赖、鼓舞和鞭策，但仍然感到责任和压力的重大。好在赫哲族人口主要分布在黑龙江省，而且由于工作的原因，我经常深入到赫哲族地区，对赫哲族不陌生。熟悉和了解一个民族需要一个过程，更需要朋友的帮助，尤其是赫哲族朋友的支持帮助，我十分荣幸，我得到了。

在写作过程中，佳木斯市人口计生委和郊区人民政府、同江市档案局、人口计生局、街津口乡、八岔乡政府、饶河县人口计生局、四排乡政府给予了大力支持，特别是我的同窗学友王东霞、莫兰芳、于成山、郑玮钧伸出了援助之手，为我搜集大量资料，给我引荐了诸多的赫哲族朋友，为我完成书稿出力。在此一并致以崇高的敬礼，以表诚挚地谢意。

赫哲族没有文字，虽然汉语记录的东西不少，但可参借的，具有完整性和系统性的史料仍显不足，加之本人能力所限，所以《赫哲族》一书中也难免有差错，恳请专家和广大读者不吝赐教。

2013 年夏

作者于哈尔滨·悦山国际